AF485541

# Lectura contemporánea de los clásicos

Saúl López Noriega y Rodolfo Vázquez

COORDINADORES

# ¿Por qué leer a Alamán hoy?

editorial **fontamara**

MONTABER

# ¿Por qué leer a Alamán hoy?

Andrés Lira
Catherine Andrews
Josefina Z. Vázquez

MONTABER

*Colección:* LECTURA CONTEMPORÁNEA DE LOS CLÁSICOS

¿POR QUÉ LEER A ALAMÁN HOY?
1.ª edición (2012), 2.ª edición (2016), Distribuciones Fontamara, SA, México,
ISBN 978-607-736-334-7
3.ª edición, octubre 2024

© Distribuciones Fontamara, SA
© de esta edición, ICG Marge, SL

*Edita:* Montaber
*Director editorial:* David Soler
Brutau, 160 – 08203 Sabadell (Barcelona)
Tel. 931 429 486 – montaber@montaber.es
www.montaber.es

*Diseño y realización de la cubierta:* Jacqueline Pérez

ISBN: 978-84-10238-50-3

# Presentación

El presente libro forma parte de la colección *Lectura Contemporánea de los Clásicos*, que tiene la finalidad de analizar la obra de destacados pensadores de la filosofía jurídica y política, a la luz de los retos de las sociedades modernas. Por ello, el propósito último de este proyecto consiste en despertar la curiosidad por los clásicos, discutir su obra y ubicarla en el debate contemporáneo, siguiendo siempre la máxima de Ítalo Calvino: "Un clásico es un libro que nunca termina de decir lo que tiene que decir."

Este ejercicio, por supuesto, no pretende sacralizar autores ni convertir libros en escrituras sagradas. El propósito, por el contrario, es una revisión fresca y crítica del edificio teórico y conceptual de cada obra, sin olvidar el otro gran objetivo de la colección: los nuevos desafíos que enfrentan las democracias modernas y, en concreto, las asignaturas pendientes de la incipiente democracia mexicana.

Vale mencionar que otro de los retos de este proyecto consiste en impulsar la relectura de autores mexicanos que si bien su obra no ha tenido el impacto de clásicos indiscutibles como Adam Smith o John Stuart Mill, resulta indispensable acercarnos a ellos para entender mejor la complicada circunstancia que atraviesa nuestro país. Es decir, es necesario rescatar la obra de nuestros pensadores clásicos; discutirla y analizarla para entender de mejor manera nuestro presente. Así, con este libro *Lectura Contemporánea de los Clásicos* presenta una serie de estudios respecto a la vida y obra de un hombre clave en los primeros años de formación del Estado mexicano: Lucas Alamán.

La pregunta que, una vez más, planteamos es simple pero medular: ¿Por qué leer hoy a Alamán? ¿Qué sentido tiene, hoy en día, acercarse a la obra de este historiador y estadista? Ésta fue la interrogante con la cual buscamos propiciar la reflexión de tres agudos estudiosos de la obra de Lucas Alamán.[1]

En primer lugar, tenemos el texto "Lucas Alamán y la organización política de México" de Andrés Lira. Un elegante y erudito recorrido por la vida y obra de Alamán, entrelazadas estrechamente por su voluntad de consolidar la independencia del nuevo Estado mexicano dentro de un marco constitucional. De ahí que Alamán fuese un destacado secretario de Estado y del Despacho de Relaciones Exteriores y consejero de Gobierno, pero también un agudo pensador que reflexionó sobre temas clave como la propiedad privada y el equilibrio de fuerzas entre el Poder Ejecutivo y el Legislativo. Por ello, para Lira, Alamán debe revalorarse como un activísimo personaje impulsor de instituciones políticas en un país que daba de manera tambaleante sus primeros pasos.

Su concepción de la posible organización del Estado mexicano con los elementos históricos y actuales de que dispuso en su momento, debe verse como parte de proceso modernizador, que va del "despotismo ilustrado" al Estado "liberal-conservador" de fines del siglo XIX, pasando por el periodo de "la anarquía". Al momento crítico de este periodo corresponde el proyecto de Alamán, de tal suerte que además del interés que tiene el estudio de la época, la visión de Alamán ofrece perspectivas para comprender el siglo XIX en su integridad, nos da testimonios de su presente y pasado inmediato y nos abre el camino para advertir el desenlace de una historia política en la que predomina la centralización.

Luego tenemos el ensayo "Lucas Alamán, estadista (1823-1832)", en el cual Josefina Zoraida Vázquez destaca las aportaciones que realizó Alamán a la vida pública e institucional del país durante sus dos gestiones como ministro de Relaciones Exteriores e Interiores. Trinchera desde la cual logró evitar la fragmentación del territorio en 1823, permitiendo la consolidación de la unión en la Constitución de 1824 y, al mismo tiempo, estableció los lineamientos fundacionales

---

[1] Los textos presentados en esta edición fueron leídos en la mesa redonda "¿Por qué leer a hoy a Lucas Alamán?", que se llevó a cabo en el Instituto Tecnológico Autónomo de México (ITAM), Ciudad de México, el 15 de abril de 2010.

de las relaciones con el exterior, consiguiendo en un momento clave que diversos países europeos reconocieran al nuevo Estado mexicano como tal e impulsando la importancia de generar una solidaridad Iberoamericana como instrumento defensivo. Pero no sólo eso, Alamán también

> …promovió proyectos de desarrollo, de reorganización de la administración pública y la contaduría, planes para combatir la corrupción y la dilapidación de fondos (como la que se hacía con el Fondo Piadoso de las Californias), para promover la industria, la minería y modernizar la agricultura. Diseñó también un programa educativo integral que inspiraría a José María Luis Mora en su proyecto de 1833, impulsó la provisión de vacunas para evitar las mortíferas epidemias, organizó el Archivo General de la Nación, otorgó recursos para un teatro para la capital y para reanimar la Academia de San Carlos y hasta fundó una Academia de Historia.

No todos estos proyectos, como bien subraya Zoraida Vázquez, concluyeron o tuvieron éxito inmediato. Sin embargo, casi todos fueron una semilla que tiempo después germinó en diversas instituciones del México moderno.

Por último, tenemos el texto de Catherine Andrews: "¿Por qué leer a Lucas Alamán hoy? Los proyectos constitucionales de Alamán (1830-1835) y la reforma política actual". En el cual realiza un interesante paralelismo entre las reflexiones constitucionales de Alamán, publicadas por primera vez en 1830 en el periódico del gobierno federal y reimpresas como folleto en 1835 bajo el título de *Reflexiones sobre algunas reformas a la Constitución federal de la República mexicana*, y el debate suscitado en los últimos años en nuestro país a partir de diversas iniciativas de reforma constitucional que buscan rediseñar el Estado mexicano.

Alamán, convencido de que la vía para mejorar el diseño institucional no era la solución radical de establecer una nueva Constitución, sino más bien plantear ajustes y reformas al texto vigente, consideró que el perfeccionamiento de la Constitución de 1824 residía en tres temas centrales: el fortalecimiento del Poder Ejecutivo en tiempos de insurrección; cambios en la elección y organización interna del Poder Legislativo, y ajustes en el equilibrio de poderes, sobre todo entre el Congreso y la Presidencia. Es decir, temas medulares como poderes de emergencia, responsabilidad y eficacia del

Congreso y rediseño del sistema presidencial, que si bien Alamán los pensó como motores del fortalecimiento del Estado mexicano, hoy son asignaturas pendientes para la consolidación de la democracia mexicana. Y por lo cual, resulta indispensable regresar a las reflexiones de Alamán para entender mejor nuestro presente y los retos institucionales que debemos sortear como Estado. Como botón de muestra una lección que desprende Andrews de la obra de Alamán:

> las propuestas constitucionales de Alamán en la década de 1830 buscaban introducir un equilibrio en el diseño constitucional que en su opinión favorecía peligrosamente al Poder Legislativo. De modo que, creo que su consejo en la discusión actual en torno a la relación entre la Presidencia y el Congreso Unión, sería la de conducirse con cautela. Nos recordaría que la transferencia de competencias de un ramo al otro acrecientan la tutela de un poder sobre los demás, de modo que bien pueden dar lugar a una reubicación del foco de la centralización de poderes y facultades en detrimento del equilibro constitucional y del buen gobierno.

Este libro, pues, reúne una serie de ensayos que ofrecen una aguda relectura de Lucas Alamán y que a pesar de las diferentes perspectivas e intereses de estos textos los une un hilo en común: la relevancia, sobre todo para los tiempos que atraviesa nuestro país, de algo poco común en la historia oficial mexicana. Revalorar la vida y obra de un personaje, no como un desconocedor o destructor del Estado, sino por el contrario: como un hacedor de instituciones, sea desde los vaivenes de la política o desde la tranquilidad del escritorio.

# ANDRÉS LIRA*

## Introducción: autobiografía e historia[1]

En 1843, poco antes de cumplir los 51 años de edad, Lucas Alamán escribió una concisa autobiografía. Recordaba familia, preceptores y primeras letras, aleccionantes y provechosos viajes realizados en su juventud, participación en la vida pública de la última Nueva España y cargos políticos en el México independiente, afanes de empresario y empeños malogrados en los vaivenes del país; trabajos y méritos en la vida doméstica. Hombre ordenado y orgulloso, quería dejar en claro el saldo favorable que le regateaban sus detractores –y sus frustraciones...

> En resumen [decía al final de aquellas páginas], he servido a mi país con un buen celo: le he proporcionado el restablecimiento de su minería, he dado consistencia a su industria, he impulsado todos los ramos útiles; jamás he abusado de mi situación para enriquecerme, y por remuneración se me ha quitado el empleo de consejero [de gobierno] que se me dio con la calidad de perpetuo, único premio que habré recibido por tantos servicios.

---

* Este texto se presentó originalmente con el título "Lucas Alamán y la organización política de México"

[1] Hay un buen número de biografías de Lucas Alamán y de trabajos sobre diversos aspectos de su obra. Nos hemos atenido a los siguientes, que contienen la información que otros repiten. Los datos completos de las referencias se encuentran en la bibliografía que agregamos al final de nuestro estudio: José María Bassoco, *D. Lucas Alamán. Biografía necrológica;* Lucas Alamán, *Apuntes para la biografía de don Lucas Alamán;* José C. Valadés, *Alamán, estadista e historiador;* Arturo Arnaiz y Freg, *Lucas Alamán, semblanza e ideario;* Moisés González Navarro, *El pensamiento político de Lucas Alamán.* Tiene una interesante bibliografía

En lo particular y doméstico he hecho por mí mismo la educación de mis hijos sirviéndoles de preceptor y enseñándoles latín, griego, francés, italiano y otras muchas cosas útiles. Dios quiera tratarme mejor que lo que han hecho los hombres.[2]

Ese momento pesimista, producto de desengaños y del malestar provocado por una afección pulmonar que padecía hacía diez años, fue superado. Los méritos, sobre todo los intelectuales que haría como historiador, se acrecentarían a partir de 1844 cuando empezó a publicar en conferencias e impresos sus *Disertaciones sobre la historia de México,* a las que siguió su obra magna, *Historia de México desde los primeros movimientos que prepararon su independencia en el año de 1808 hasta la época presente,* en cinco tomos aparecidos de 1849 a 1852 y cuyo final tiene la calidad de testamento político; es decir, el de reflexión sobre la situación del país y disposición de medios para enfrentar los males.

Pero hay más. Cuando se distribuía el tomo quinto de la *Historia de México,* en 1853, arribaba al país Antonio López de Santa Anna, procedente del exilio en Turbaco, llamado por los más distintos grupos y por quienes se decían representantes de partidos políticos. Santa Anna era el hombre de la situación, el inevitable y como tal invocado por gestores de intereses, con y sin proyecto, pues no siempre es éste necesario, según veremos. A Santa Anna dirigió Alamán la carta del 23 de marzo –famosa a fuerza de citas y alusiones–, exponiendo en términos concisos y directos el programa del partido conservador. Era un documento de carácter práctico, revelador del desencanto del hombre de acción –como lo fue Alamán– a quien las circunstancias le habían indicado una posibilidad para realizar sus propósitos políticos. Limitadas las asperezas y calladas las particularidades propias de la epístola personal, esa carta se convirtió luego en las *Bases para la administración de la República Mexicana,* que Alamán entregó a Santa Anna el 22 de abril para que, firmada por éste y por los otros ministros entonces nombrados, se ciñera a un régimen que debía superar las discordias del momento.

---

[2] Esa autobiografía se recogió en L. Alamán, "Documentos diversos", vol. 4, que comprende el tomo XII de las *Obras de don Lucas Alamán* (en adelante *Obras*), pp. 11-28. En las citas hemos modernizado la ortografía y ocasionalmente la puntuación.

Alamán murió el 2 de junio y de aquel proyecto de organización política no quedaría más que lo que algunos liberales moderados, como Teodosio Lares, pudieron realizar. Esto en el orden de las instituciones políticas, pues en el de la historia y la biografía hay mucho más. Pero como hemos de tratar aquello que se relaciona directamente con la formación del Estado mexicano, consideramos los textos más significativos como biografía política. Y su breve autobiografía política escrita en 1843, la *Historia de México desde los primeros movimientos que prepararon su independencia en el año de 1808 hasta la época presente*…y su epílogo, los dos textos de 1853, año de su muerte, a los que hemos hecho referencia.

Trataremos de seguir esa corriente autobiográfica apoyándonos en otros textos suyos, de autores contemporáneos y posteriores, para comprender los momentos más notables de la participación de Alamán en la formación del Estado mexicano.


## I.

### Infancia feliz dentro del orden novohispano

Lucas Alamán nació en Guanajuato el 18 de octubre de 1792. Lo bautizaron con el nombre del santo del día de su nacimiento, siguiendo la tradición, y con el de Ignacio por devoción familiar. Hijo de Vicente Alamán, originario de Ochagavia, en el Valle de Salazar, Navarra, "de familia muy decente y honrada" –dice el mismo Alamán en su autobiografía–, y de María Ignacia Escalada, criolla descendiente del marqués de San Clemente, de "una de las principales casas de Guanajuato", cuyo linaje se seguía hasta siglos atrás en probanzas de su nobleza.

Lucas fue el primogénito de su casa y, si hemos de creer en la "psicología de los hijos", asumió toda la presencia del mayor, por más que tuvo un medio hermano, Juan Bautista Arechedeneta, nacido en 1771 del primer matrimonio de su madre y a quien no trató de niño en casa, pues andaba en la carrera eclesiástica y alejado de la familia Alamán por desavenencias con el padrastro. Lucas tuvo dos hermanas nacidas del mismo matrimonio, Luz, mayor, y Agustina, que murió en la infancia. Como varón aseguró el lugar de primogénito que le correspondió conforme a la tradición del mayorazgo. Su nacimiento fue motivo de fastos en aquella próspera familia y lo serían otros días en los que el niño probó su aprovechamiento en la *amiga* (así se llamaba a la escuela de niñas y niños) de doña Josefa Camacho, donde aprendió a leer y a escribir, y en la escuela de Belén, donde siguió los estudios. Los éxitos en estudios de latín y en diversas disciplinas que hizo bajo la guía de reconocidos maestros, fueron celebrados por su padre haciendo donaciones para la edificación y decoración de las escuelas, los exámenes fueron días de fiesta.

Lucas Alamán recordaría personas y lugares de aquella ciudad de Guanajuato presidida por el intendente, el ilustrado Juan Antonio Riaño, dueño de una buena biblioteca ("librería", se decía entonces) abierta a personajes de la ciudad y de la región, acogidos con el afable trato de la familia del intendente, respetada y estimada por todos, al decir de muchos contemporáneos.

La infancia de Alamán corría feliz en aquella ciudad cuyo orden pinta al lado de buenos retratos individuales en la *Historia de México*, evocando los días que precedieron al levantamiento de Miguel Hidalgo:

> había muchas casas ricas y muchas más que gozaban de una cómoda mediocridad; el comercio estaba casi exclusivamente en manos de europeos, pero muchas familias criollas se sostenían con desahogo en el giro de la minería y todas eran respetables por la regularidad de sus costumbres. El pueblo, ocupado en los duros y riesgosos trabajos de las minas, era alegre, gastador, valiente y atrevido.[3]

De niño su padre lo llevaba a la mina de Cata, en cuya empresa era socio, para que aprendiera el oficio. Lucas sacó provecho de ello, y el restablecimiento de la minería habría de ser uno de sus afanes como empresario y como político. Además, de esos recorridos sacaría buenas evocaciones que integraría a su *Historia*.

Que fue sensible al trato con sus prójimos, lo muestran los retratos trazados en la *Historia* y en otras obras. En muchos casos, pese a los tintes políticos que tiñen las páginas de sus libros, se advierte la proximidad. Es una lástima que se hayan perdido las cartas que escribió a su madre en 1807 y 1808 cuando estuvo en Nuevo Santander,

---

[3] L. Alamán, *Obras*, t. I, p. 263.

Tamaulipas, a visitar a su hermana Luz, casada con Manuel Iturbe, gobernador de esa colonia. Allá se fascinó con la narración exagerada e ingeniosa de "el Capitán Colorado", personaje evocado en una nota de la *Historia de México* y fácil de imaginar por quien conozca a los norteños, creadores de relatos fantásticos llenos de precisiones realistas.

## Adolescencia: disciplina y estudio frente a la desintegración del orden

Antes de cumplir los 16 años, Lucas Alamán tuvo que regresar de Nuevo Santander a Guanajuato debido a la muerte de su padre, ocurrida en mayo de 1808. Después, junto con su madre, viajó a la Ciudad de México, que hallaron revuelta por la prisión del virrey José de Iturrigaray, a consecuencia de las juntas habidas y por la prisión y abdicación de Carlos IV y el príncipe Fernando. Apresado el virrey por la gente del Regimiento de Comercio, se había abierto la oposición entre los españoles europeos y los criollos americanos, se suspiraba por el monarca cautivo y se traían a la memoria derechos ancestrales de monarcas indígenas.

Tales son los "acontecimientos que prepararon la independencia de México", según los trata Alamán en su *Historia* y con ellos se inicia su biografía política, como lo recuerda en el prólogo del primer tomo en un pasaje muy citado y que debemos traer a cuento, así sea resumiendo, para recordar que decía sentirse obligado a dar cuenta de los hechos, pues había visto nacer en Guanajuato, su patria, la revolución que inició el cura de Dolores el 16 de septiembre de 1810; que habiendo tratado a muchos personajes que tuvieron parte principal en ella y participando después en la vida política del país, no podía ya a sus años, cuando la posteridad había llegado para todos, dejar de narrar y explicar lo que sabía, haciéndolo con la imparcialidad que sólo daba el tiempo.[4]

Pero, ¿qué posteridad y cuál distancia e imparcialidad eran posible en quien revivía esas situaciones como experiencias propias, debido a su cualidad de testigo presencial y de hombre empeñado en contra-

---

[4] Cfr. *ibid.*, pp. 3-5.

decir versiones de la historia que eran verdaderos argumentos políticos? La *Historia de México* de Alamán cobró calidad de gran autobiografía y en ella aparecieron personajes recordados en la fatalidad de los hechos que determinaron la participación política del autor.

Vayamos por partes. En la Ciudad de México aprovechó el tiempo estudiando francés y enterándose de la administración de los intereses familiares. De regreso en Guanajuato, siguió en sus afanes instructivos y disfrutando del orden social, hasta el momento en que lo vio brutalmente sacudido, en septiembre de 1810, por el anuncio que se hizo en su ciudad del levantamiento de Miguel Hidalgo y del avance de la gente que acaudillaba el cura en el más grande desorden. Nadie mejor que Alamán ha dibujado mejor la composición de las masas, dispuestas por la casualidad en aquella agrupación de indios de los pueblos, peones y gente de a caballo de las haciendas, plebe que se sumaba en las poblaciones por las que pasaba aquella tropa para participar en el saqueo, y el desconcierto de las autoridades ante hechos tan inesperados.

Excelentes son los retratos de personajes notables que en enfrentaron entonces. El del cura de Dolores está hecho con los mejores recuerdos, realzados por la condenación política. La afabilidad y viveza de aquel hombre a quien recuerda departiendo amigablemente, sentado en el mismo canapé con el intendente Riaño y con el obispo electo de Michoacán, Manuel Abad y Queipo, "con una jovialidad que muestra que ninguno de los tres preveía lo que iba a suceder nada más que siete meses después".[5] Como sabemos, en Guanajuato las chusmas de Hidalgo, engrosadas por la plebe, atacaron el edificio de la alhóndiga, donde se habían fortificado los españoles europeos con algunos familiares y sirvientes, tratando de poner a salvo los caudales. El intendente Riaño murió fuera de la alhóndiga al iniciarse la acción, luego vino la entrada de las masas, la matanza de españoles, el saqueo de la ciudad, la visión del cura en ropas de campaña que eran restos del atuendo de clérigo...; también la excomunión que fulminó el obispo de Michoacán contra Hidalgo y los suyos cuando la violencia se extendía por todas las tierras de aquel vasto obispado. El mundo ordenado de la niñez y primera adolescencia de Alamán se

---

[5] Cfr. *ibid.*, pp. 225-228.

vino abajo, se descompuso en personajes colectivos e individuales que cobraron carácter trágico.

En diciembre de aquel año fatídico, Alamán llegaba con su madre a la Ciudad de México. Otras familias del interior habían ido buscando también refugio frente a la inseguridad desatada por la violencia que ejercían diversos grupos de insurgentes y de represores realistas. Pero los años y el buen ánimo del joven Alamán lo hacían fijarse entonces en empeños gratos. Estudió química y mineralogía con prestigiados maestros del Colegio de Minería, afirmó su trato con liberales y con ellos compartió el estudio del francés, del inglés y del italiano; se adentró en la botánica, en la música e inició la impresión de partituras, debido al alto precio de las importadas; se acercó a conocedores de las artes plásticas y departió con todos aprovechando la ilustración de aquella última Nueva España, al grado de ganarse un interrogatorio por el Tribunal de la Inquisición, acusado de tener libros prohibidos.

Así se preparaba para emprender un largo viaje por Europa, que habría de durar de 1814 a 1820.


## Juventud viajera y provechosa

Alamán salió de Veracruz en enero de 1814, había que aprovechar el invierno para evitar el vómito prieto. Llegó a Cádiz en mayo y provisto de libros de viajero visitó Andalucía y Castilla, pasó luego a París donde trató a personajes de la política. Servando Teresa de Mier, dominico exclaustrado y con un haber de erudición y aventuras, a quien recordaría en una excelente semblanza,[6] lo presentó a Henri Grégoire; conoció a otros personajes que hicieron papel principal en la Asamblea Revolucionaria y con Mier, costeando Alamán los gastos, emprendió en 1815 el viaje a Londres, meca de conspiradores y de la discusión política, donde conoció a José María Blanco White y a otros escritores políticos de nota. De regreso al continente, viajó por Italia con José Francisco Fagoaga, con quien iría luego a Alemania y Suiza antes de volver a París, donde estudió mineralogía, química, griego, botánica y se instruyó con particular empeño en los métodos

---

[6] A. Arnaiz y Freg, *Lucas Alamán*, pp. 3-17.

para separar el oro de la plata por medio del ácido sulfúrico. Pensaba aprovecharlos aplicándolos en su país, al que tuvo que precipitar el regreso cuando en 1819 se enteró de la quiebra del depositario del capital de su familia.

Las relaciones y el reconocimiento que Alamán había logrado entonces eran considerables. Cuando preparaba el viaje, Bernardino Rivadavia le ofreció llevarlo a Buenos Aires para que se hiciera cargo de la casa de moneda, pero prefirió regresar a su país.

Traía en su haber lenguas que dominaba (inglés, francés e italiano) y el alemán, que no hablaba con fluidez pero que comprendía, así como conocimientos científicos; la seguridad ganada en el trato con personalidades –entre éstas Alejandro de Humboldt, quien lo introdujo con algunos sabios en París– y proyectos para dedicarse a la minería y al comercio. Era la carrera de un adinerado de Nueva España, que junto con su país iba cambiando, pues Nueva España iba dejando de serlo y él dejando de ser adinerado, en aquel paso que se daba del despotismo ilustrado del siglo XVIII al liberalismo del XIX, que se afirmó al restablecerse el régimen constitucional de 1812, abolido durante todo el tiempo que Alamán estuvo en Europa. Así, cuando regresó a su país, halló que se le llamaba a cargos públicos, primero, por designación de Juan Ruiz de Apodaca (virrey transformado en jefe político superior en el nuevo orden), como secretario de la Junta Superior de Sanidad y luego, por elección, diputado por Guanajuato a las Cortes que habrían de reunirse en Madrid en 1821.

Alamán dispuso el viaje luego de formalizar la promesa de matrimonio con Narcisa Castrillo, joven guanajuatense nacida en 1804, de una familia de acaudalados comerciantes cuya fortuna, como otras, se había venido abajo en la crisis provocada por la revolución de Nueva España. El padre de Narcisa, don José Castrillo, era un español de los pocos sobrevivientes de la matanza de la Alhóndiga de Granaditas.


## II.

### Búsqueda de la independencia dentro del orden constitucional

Alamán inició su carrera pública al filo de la independencia. A fines de enero de 1821, cuando se hallaba en Veracruz con sus compañeros diputados a Cortes, uno de ellos, Juan Gómez de Navarrete, diputado por Valladolid de Michoacán, invitó a los otros a unas reuniones que se celebraron en el convento de San Francisco con el pretexto de preparar el viaje. Ahí se les informó de los planes de Agustín de Iturbide y se les requirió para que permanecieran en el país, pues tratándose nada menos que de la declaración de independencia de la América Española septentrional, ellos, diputados electos, deberían integrarse al Congreso de la nación.

Algunos manifestaros desconfianza. Seguramente Alamán lo hizo, pues su familia se había quejado de las arbitrariedades cometidas por Iturbide como jefe militar, y los más juzgaron que era imposible guardar el secreto necesario para el éxito del plan en una población pequeña y bien vigilada como Veracruz. Embarcaron en febrero y prestaron juramento en Madrid a principios de mayo en unas Cortes en las que mal podían apreciarse la situación de los dominios americanos y las demandas de independencia que inevitablemente tendrían que presentar los diputados de las provincias de Nueva España.

Tocó a Alamán redactar la propuesta y presentarla después de otras intervenciones relativas a la minería (en las que logró la abolición de cobro de distintos derechos reduciendo el impuesto a un 18% sobre las utilidades), al establecimiento de escuelas y contra las arbitrariedades que sufrían entonces los reos procesados en las cárceles de la Inquisición, pues ante la inminente abolición del tribunal se habían acelerado los juicios pendientes.

La relativa a la independencia de los territorios americanos se presentó en junio, cuando exaltados los ánimos por las noticias del movimiento de Iturbide, los diputados de las provincias de Nueva España discurrieron hacer una propuesta que recogiera los pareceres de todos. Alamán y Mariano Michelena fueron los encargados de redactarla y la leyó Alamán en la sesión del 25 de junio.[7] Luego de una amplia y bien razonada exposición de los problemas provocados por la lejanía y la diversidad de situaciones que hacían imposible la vigencia del orden constitucional, así como las injusticias que de esto se derivaban, se propuso el establecimiento de tres secciones de las Cortes en América, una en la septentrional (Nueva España, incluidas

---

[7] J. C. Valadés, *Alamán, estadista e historiador*, pp. 80-85.

las Provincias Internas y Guatemala), y dos en la meridional, comprendiendo una de ellas Nueva Granada y las provincias de Tierra Firme, y otra el Perú, Buenos Aires y chile. Tendrían por capital, México, Santa Fe y Lima, respectivamente.

Se establecían allí mismo tres secciones del Poder Ejecutivo, ejercido por quien designara el rey, sin excluir a las personas de la familia real, si así lo disponía en monarca. Debía asegurarse la libertad de comercio entre los países a América y entre éstos y Europa.

Nueva España y los demás países comprendidos en su sección se comprometerían a entregar a la Península, en el espacio de seis años contados a partir de 1823, 10 millones de pesos para el pago de la deuda pública y a contribuir con 2 millones anuales para el mantenimiento de la Marina. Ésta era una oferta oportuna para animar la aprobación de la propuesta política, avalada además por el hecho de que había sido Nueva España el principal soporte económico de las Cortes. Pero la propuesta causó alarma y apenas alcanzó a considerarse como de primera lectura, por más que era respuesta a hechos inevitables.[8]

Así, la cuestión no podía soslayarse. El 27 de enero del año siguiente, conocida la declaración de independencia de Nueva España, el diputado Francisco Golfín propuso la confederación de países independientes dentro del mismo orden constitucional y el día 28, en perfecta continuidad con lo que había propuesto Alamán, se insistió en que no había ya más que aceptar los hechos que los diputados peninsulares se trataban de ocultar proponiendo arreglos que se harían representantes de una y otra parte. La independencia era un hecho y había que asumirla en el orden constitucional. Pero la propuesta fue rechazada, pues al igual que las anteriores (y la historia es larga y debiera contarse al menos desde los proyectos del conde Aranda), se interpretó la integridad de la América española en un estrecho marco patrimonialista.

En aquella situación, no tenía objeto la permanencia de los diputados de Nueva España en Madrid. Alamán salió a París, donde se dedicó a formar una compañía minera franco-mexicana, pensando en que los capitalistas franceses harían buenas aportaciones, pero

---

[8] Alamán recogió esa exposición en L. Alamán, *Obras*, T. V, pp. 641-654. La descripción del viaje a España y de los ambientes en que se desenvolvió está muy lograda. Véase *ibid.*, pp. 13-42.

no las consiguió allí y tuvo que buscar suscriptores ingleses. Así, con muchas expectativas y algunos géneros de comercio que pensaba realizar en México, se embarcó y llegó a Veracruz en marzo de 1823.

Antes de desembarcar, el navío francés en el que venía atracó en el fuerte de San Juan de Ulúa, que aún estaba en poder de los españoles. Allí se informó de la situación del país, de la revolución que había echado a tierra el imperio de Iturbide, de la República federal que se imponía, de un ejército con muchos jefes y oficiales y de un sinnúmero de pretendientes que buscaban acomodo en los puestos públicos. Alamán traía en su haber un prestigio de hombre inteligente, elegante y hábil, que había sabido colocarse "en el medio, dejando los extremos para gente de menos juicio".[9]¿Podría mantenerse ahí en un ambiente que se radicalizaba al compás de las disputas?

## Secretario de Estado y del Despacho de Relaciones Exteriores

La República federal se organizaba en medio de enormes dificultades. Un Congreso Constituyente que había enfrentado a Agustín de Iturbide y que según la doctrina de la Asamblea francesa adoptada a través de las Cortes españolas, reclamaba la vigilancia y el control de todos los actos de gobierno como facultad implícita del supremo legislador o personificación de la voluntad nacional.

Del curso de los acontecimientos hay abundantes testimonios y obras de historiadores recientes que seguiremos para advertir los principales momentos de la participación de Alamán a fin de comprender, según propusimos al principio, su autobiografía política.[10]

Tocó a Alamán el ministerio más difícil, el de Estado y Relaciones Exteriores, bajo el gobierno del Poder Ejecutivo tripartito que se formó luego de la caída de Iturbide. Asumió la Secretaría el 16 de abril de 1823 y tuvo que vérselas en los reclamos contra las arbitrariedades cometidas por los grupos contrapuestos durante los últimos días del gobierno de Iturbide; emprender, en medio de sospechas y susceptibilidades, las conversaciones con los representantes españoles, para lo cual preparó un documento que puso en manos del general Guadalupe Victoria, a quien por méritos en la Guerra de Independencia

---

[9] J. C. Valadés, *Alamán, estadista e historiador*, pp. 105-124, véase pp. 114-124.

[10] M. González Navarro, *El pensamiento político de Lucas Alamán*, p. 23.

y en la lucha contra Iturbide se le nombró representante de México en las pláticas con los agentes españoles que llegaron a Veracruz. Estas pláticas fracasaron y sólo se logró exacerbar el ánimo contra los españoles residentes en el país.

Los problemas previstos por algunos diputados cuando se propuso la federación –es decir, las consecuencias de reclamos autonomistas y la oposición a las autoridades en general en algunas provincias– no se hicieron esperar. Alamán tuvo que enfrentar la beligerancia de Oaxaca y de Jalisco y poner en evidencia los intereses que obraban en algunos casos; lo que le valió la acusación de colaborador del diario *El Sol* (periódico de los grupos oligárquicos, al decir de algunos, opuesto a los avances democráticos) y de disponer, sin la debida autorización, el nombramiento y sueldos de jefes políticos; también se enfrentó al Consulado cuando propuso que las facultades jurisdiccionales de ese cuerpo de comerciantes pasaran a los ayuntamientos constitucionales encargados, de acuerdo con la legislación española vigente entonces, de los juicios verbales de conciliación y que, en caso de no fenecer en esta instancia previa, pasaran a lo tribunales ordinarios. Como secretario encargado del orden interior (era secretario de Estado y de Relaciones Interiores además de ocupar el Despacho de Relaciones Exteriores), Alamán destacó las facultades administrativas de las diputaciones provinciales y las de los ayuntamientos; en estas dos piezas del sistema tenía esperanzas para crear un orden factible que pudiera contrarrestar el desmembramiento que iban imponiendo lo estados celosos de sus facultades frente al gobierno general y frente a sus vecinos. Las posibilidades de un gobierno efectivo en el ámbito nacional eran muy escasas, pues a la enorme extensión y la falta de comunicaciones en el inmenso territorio se sumó el problema de la oposición de intereses manifiesta desde un principio en el Congreso Constituyente. Éste se había renovado para atender a los reclamos de las provincias contra los diputados partidarios de Iturbide, en su momento; pero los principales cabezas de grupo, maestros ya en el arte de la impugnación y el reacomodo, se mantuvieron y fueron favoreciendo el desarrollo de las sociedades secretas, punto de apoyo de la organización de los "partidos" o "grupos extraconstitucionales" –como les llamó quien mejor los organizaba y utilizaba, Lorenzo de Zavala, diputado por Yucatán– que luchaban por la conquista de puestos públicos. Los puestos públicos eran medios para lograr el control político directo y también eran botín que podía ofrecerse para atraer partidarios ansiosos de recompensas.

Hemos de volver sobre ello, pero tenemos que seguir a Alamán, quien en las cuestiones relacionadas con el extranjero propuso, además de los lineamientos para el reconocimiento de la independencia por parte de España (lo que se frustró según vimos), el establecimiento de relaciones con Estados Unidos, procurando para ello el auxilio de Inglaterra como factor de equilibrio en una situación conflictiva, a fin de guardar la integridad del territorio mexicano amenazado por el avance de colonos norteamericanos; logró también la firma del Tratado de Liga, unión y Confederación Perpetua entre la República de Colombia y la Nación Mexicana, en el que se preveía la Unión de Estados Americanos, cuya Asamblea debería reunirse en el istmo de Panamá. De ello informó en la memoria que presentó al Congreso el 8 de noviembre de 1823, documento ejemplar al que seguirían otros de la misma índole y que sirven para apreciar las enormes responsabilidades del secretario de Estado y Relaciones Exteriores dentro de un sistema poco o nada propicio por la índole de los principios adoptados (la preponderancia del Legislativo, aún Constituyente en esos momentos) y la agitación política, lo que le llevó a presentar, en repetidas ocasiones, su renuncia.[11]

El 28 de enero renunció una vez más y al mes siguiente se aceptó su dimisión, pero el 13 de mayo, ante la insistencia del gobierno volvió a la Secretaría que habría de dejar en septiembre de 1825. En ese tiempo llegó la noticia del reconocimiento que hacía el gobierno de Inglaterra al de México; Alamán negoció y firmó con los representantes de aquel país un tratado de comercio muy ventajoso para México, tanto que no fue ratificado por el Parlamento.[12]

---

[11] El hecho es evidente en las *Actas Constitucionales Mexicanas (1821-1824)*. Lo ha destacado Timothy E. Anna, *El imperio de Iturbide*, pp. 100-136. Véase Michael P. Costeloe, *La primera República federal de México (1824-1835)*; Manuel Calvillo; *La consumación de la Independencia y la instauración de la primera República federal, 1820-1824*; Enrique Olavarría y Ferrari, *México a través de los siglos. México independiente, 1821-1855;* Andrés Lira, "Mier y la constitución de México", en Jaime E. Rodriguez O., *México in the Age of Democratic Revolutions*; A. Lira, "Lucas Alamán y la política exterior de México", en Secretaría de Relaciones Exteriores, *Escritores en la política interior de México*.

[12] L. Alamán, *Obras*, t. IX, pp. 57-114. Véase J. C. Valadés, *Alamán, estadista e historiador*, pp. 137-209.

Exigió respeto a los límites territoriales con Estados Unidos conforme al tratado firmado por este país y por España en 1819, bajo la supervisión de una comisión mixta lo cual implicaba la paralización de proyectos de avance de las colonias norteamericanas. Los desacuerdos de Alamán con Joel Poinsett, representante de Estados Unidos en México, no se hicieron esperar y se fueron agravando. La influencia de Alamán en el Congreso y en otros ámbitos de la vida pública se estrelló con los grupos organizados en las logias masonas del rito yorkino, que constituían el llamado "partido yorkino", apoyado por el representante norteamericano y dirigido por el hábil Lorenzo de Zavala, quien al explicar los hechos en su famoso *Ensayo histórico de las revoluciones de México desde 1808 hasta 1830* confiesa cómo en la organización política del país habían hecho sus partidarios y él una fuente de ingresos y de poder valiéndose de la lucha por los puestos públicos.

> Trescientos mil criollos querían entrar a ocupar el lugar que tuvieron por trescientos años setenta mil españoles, y la facción *yorkina*, que tenía esa tendencia en toda su extensión, halagando las esperanzas y los deseos de la muchedumbre, era un torrente que no podía sostener la facción *escocesa*, compuesta de los pocos españoles que habían quedado y de los criollos que participaban de sus riquezas y deseaban un gobierno menos popular.[13]

Según Zavala, así se habían ido definiendo los partidos *popular* y el de la *jerarquía*, al que Alamán llamaría *del poder o de la gente bien*.[14]

El caso es que Alamán salió en septiembre de 1825 de la Secretaría de Relaciones Exteriores, alejándose de la política para dedicarse a la empresa minera en una compañía de capital inglés y francés que venía constituyendo desde su paso por París y Londres. Por ese entonces, en 1826, fue nombrado apoderado del duque de Terranova y Monteleone, descendiente y heredero de Hernán Cortés.


## La nación independiente y los derechos de propiedad

Esas actividades exigían dedicación plena, pero aún así el alejamiento de la política era imposible en aquel ambiente radicalizado.

---

[13] Lorenzo de Zavala, *Ensayo histórico de las revoluciones de México*, p. 340.

[14] L. Alamán, *Obras*, t. XI, pp. 33-234. Véase pp. 39-52.

No vivir de los puestos públicos ni de la lucha para conseguirlos –*modus vivendi* propio de los políticos en el Estado liberal democrático, en que las "elecciones y revoluciones no son más que las formas de lucha para llegar a abrevar en el pesebre del Estado", frase de Max Weber en 1919, pero que podríamos atribuir a Lorenzo de Zavala, apoyándonos en textos de 1830–[15] era una cosa; tener que estar atento a quiénes y cómo detentaban esos puestos, sobre todo en el Congreso cada día más exaltado y hostil a los intereses de los españoles, era otra; pero era, al fin y al cabo, un juicio sobre la política y sus profesionales.

Alamán tuvo que hacer el juicio cuando enfrentó las propuestas de dos diputados, pues afectaban las propiedades del duque de Terranova y Monteleone. Bajo la clara argumentación jurídica expresó una crítica positiva –esto hay que reconocerlo– de las instituciones de la República federal, pero condenatoria de las situaciones y de personajes del momento.[16]

El 27 de abril de 1827, recogiendo ideas que corrían impresas, el diputado Matías Quintana había llamado la atención de la Cámara de Diputados sobre los bienes de los herederos de Hernán Cortés. Impugnó la Conquista como un gran crimen, señaló la existencia de un señorío que no había desaparecido pese a la ley de las Cortes españolas del 6 de agosto de 1811 y dijo que aún en los días del México independiente ciudades, villas y pueblos pagaban derechos feudales al conquistador. Como soberana, la nación mexicana no podía ser feudataria, y menos de un extranjero; pedía que la cuestión pasara a una comisión de la Cámara, como ocurrió.

La comisión presentó, el 5 de enero de 1828, un proyecto de decreto firmado por Manuel Cañedo. En éste se declaraban abolidos los censos enfitéuticos que se pagaban a la casa del duque de Monteleone (artículo 1o.) y se ordenaba el *secuestro* de todas las fincas rurales y urbanas propiedad del duque, que deberían pasar a la nación (artículo 2o.), dejando a los estados las que hallaran dentro de sus límites y a la federación las que estuvieran en el Distrito (artículo 3º).[17]

---

[15] Max Weber, "La política como vocación", en *id.*, *Escritos políticos*; Zavala, *Ensayo histórico de las revoluciones de México*, pp. 251-284.

[16] L. Alamán, *Obras*, t. XI, pp. 463-502.

[17] *Ibid.*, pp. 465-466.

Alamán elaboró su exposición ese mismo mes. Era consciente del celo contrario a España y a los españoles que animaba a los congresistas, apoyado en la idea comúnmente aceptada de que la nación mexicana, heredera del imperio mexica, había recuperado su libertad al sacudirse el yugo impuesto por los conquistadores y por la monarquía española. Esto, podemos advertir nosotros, se había asentado en el Acta de Independencia y se hallaba en versiones de la historia de México propagadas por muchos y rechazadas luego por algunos usando de razones que no podían convencer a quienes se templaban en el calor de las discusiones y del resentimiento.[18]

Alamán, sabedor de tamaña exaltación, no entró a discutir de inmediato la argumentación política; la dejó para un momento posterior, señalando en primer lugar la naturaleza jurídica de intereses privados en cuestión. No se trataba –como decía el diputado Quintana– de derechos feudales, eran rentas que cobraba el duque de Monteleone como producto de ciertos capitales y bienes raíces que nada tenían que ver con la jurisdicción señorial abolida tiempo atrás. Se trataba de propiedades reconocidas en títulos legítimos, confirmados en diversos momentos cuando se habían cuestionado, conforme al orden de derecho vigente, por sentencias judiciales, único medio para decidir sobre la existencia, la validez o la inexistencia o nulidad del título de un derecho. Así pues, todo cambio en la titularidad debía establecerse mediante juicio y por *sentencia* dictada por el *Poder Judicial*, no por el Congreso, cuyos actos eran, según lo previsto en la Constitución del 4 de octubre de 1824 (artículo 47), leyes o decretos de alcance general. Legislar sobre un caso particular era monstruoso, equivalía a ejercer facultades del Poder Judicial y del Poder Legislativo a un tiempo y por una sola autoridad, conjunción de dos poderes expresamente prohibida en el Acta Constitutiva y en la Constitución de 1824.

Por otra parte, reconocidos ciertos derechos, no podían afectarse valiéndose de legislación posterior; la Constitución prohibía la confiscación, los juicios decididos por comisión nombrada *ex post facto* y la aplicación retroactiva de la leyes (artículos 147 y 148); principios estos de derecho natural y positivo –recordaba Alamán– invocados

---

18 José María Luis Mora, contemporáneo de Alamán, se hizo cargo de esos argumentos y los rechazó. Véase A. Lira, "la insurgencia de Hidalgo según tres contemporáneos", en Jean Meyer (coord.), *Tres levantamientos populares: Pugachón, Túpac Amaru, Hidalo*, p. 179.

en 1813 en las Cortes españolas por Juan de Dios Cañedo, entonces diputado allá y ahora, en 1824, senador por Jalisco, partidario exaltado del federalismo y enemigo de Alamán en las contiendas políticas del día. Por ello Alamán traía a cuento la actuación de tan prestigiado rival, reproduciendo las partes del discurso en las Cortes en las que Juan de Dios Cañedo –a quien no hay que confundir con el diputado Manuel Cañedo, autor del proyecto impugnado– había afirmado que una vez abolidos los señoríos, lo que era consecuente con el principio de la soberanía nacional, debía reconocerse a los dueños el derecho de propiedad sobre los bienes, pues una cosa era la *jurisdicción* extinguida, porque correspondía sólo a la nación, y otra la *propiedad*, materia propia del derecho común o derecho civil.

Siguiendo el hilo de los derechos particulares, Alamán hacía un repaso de la historia de la propiedad en diversos países. Los despojos habían sido a la postre legitimados, pues de ellos se derivaban derechos de muchos que nada habían tenido que ver con la adquisición violenta de los bienes; de la seguridad de los derechos posteriores dependía la tranquilidad y la seguridad de la sociedad. Cierto que había habido pareceres contrarios, como la solución extrema propuesta por fray Bartolomé de las Casas en 1564, cuando respondió a las cuestiones planteadas sobre Cuzco, Perú. Declaró entonces que lo adquirido por actos que implicaban pecado mortal, como era el caso, no podía aceptarse y que, en consecuencia, los bienes así apropiados por los conquistadores debían restituirse a los indios en cuyo prejuicio se obró. Esto, para Alamán era insostenible y así se declaró entonces.

Sin embargo, el argumento no dejaba de preocuparle, pues desde mucho antes los partidarios de los movimientos independentistas habían buscado sustento en la obra de Las Casas, el gran impugnador del dominio injusto. Ahora, en 1824, se actualizaban para impugnar la conquista de México por España y exacerbaban el ánimo contra propietarios y funcionarios españoles –los pocos que quedaban– arguyendo que España, empecinada en la injusticia, no había reconocido aún la independencia de México.

Pero lo grave y de fondo en esa actualidad de Las Casas (Alamán cita la edición de sus obras de 1822)[19] era que, al asumir como argu-

---

[19] L. Alamán, *Obras*, t. XI, p. 475.

mento la decisión de independencia, se consideraba en nombre de un principio político religioso la necesidad de borrar la historia mediata e inmediata, para recuperar supuestos derechos ancestrales e imponerlos a cualquier precio de vidas y haciendas sobre intereses de familias y personas. Esa posibilidad de negar la historia en nombre de principios ético-políticos aterraba a Alamán. El terror se haría luego expreso, con la ayuda de pensadores conservadores y sobre la base de otras experiencias, como hemos de ver. Pero ahora volvamos a la exposición de 1828.

Según Alamán, la historia en su curso inevitable hacía que personas y objetos cambiaran y esto habría que asumirlo en el caso. Los bienes de los herederos de Hernán cortés no eran los mercedados por Carlos V al conquistador, como sostenía el diputado Quintana; eran otros bienes adquiridos por las sucesivas generaciones y sobre la base de muy diversos títulos (compras, arreglos, etc.). Los actuales duques de Terranova y Monteleone no eran los conquistadores que despojaron, según se argumentaba, a los indios; tampoco eran españoles, como se quería hacer ver, pues a las generaciones de criollos, por enlaces matrimoniales, habían sucedido las de súbditos de Nápoles, nación esta independiente de España tiempo atrás.

Así pues, en una estricta argumentación jurídica Alamán mostraba que ni la naturaleza de los derechos, ni la identidad de los bienes y de los titulares podían hacerse valer para realizar una *confiscación* a la que se daba el nombre de *secuestro*.

La argumentación jurídica se sustentaba sobre concepciones históricas, de las que importa recoger la que se refiere a la sociedad mexicana, pues es el meollo de la reflexión política que nutrirá la obra historiográfica de Alamán.

Según Quintana, la nación mexicana había sido despojada de su libertad –que implicaba la soberanía– y de sus bienes por los conquistadores españoles. Recuperada la libertad y en nombre de ella había que despojar al usurpador y poner los bienes en manos de su legítimo dueño. Tal era el fin del decreto propuesto por Manuel Cañedo, ante lo cual preguntaba Alamán

> …¿y a favor de quién ha de hacerse el despojo? ¿Quién ha de recoger el fruto de las propiedades así confiscadas? Se dice que la nación ¿y con qué título? ¿Acaso la nación actual es la que fue despojada por los conquistadores? No necesitamos más que echar una mirada a cuanto nos rodea; y nuestra religión,

nuestro traje, la variedad del color y aspecto de los habitantes, nuestras costumbres, todo, todo nos dirá que *no somos la nación despojada por los españoles, sino una nación nueva en la que todo reconoce su principio en la conquista misma...*[20]

La Conquista era parte de la historia de la nación mexicana y ésta no podía explicarse sin su historia, la de la Conquista y los siglos que siguieron, algo insuperable y que se pretendía ignorar en nombre de principios ético-políticos. Alamán insistía más adelante

> ...La nación actual no es la mexicana que constituía el imperio de Moctezuma que haya reasumido sus derechos, sino una nación nueva, enteramente diversa de aquélla y formada principalmente por efectos de la conquista.[21]

Pero el razonamiento histórico poco podía hacer contra un credo político como ese, asumido en los textos públicos y, si vamos a la historiografía, sostenido por obras de Servando Teresa de Mier, *Historia de la revolución de Nueva España, antiguamente Anáhuac...1813,* cuyos supuestos venía divulgando Carlos María Bustamante desde 1823 a medida que publicaba su *Cuadro histórico de la Revolución mexicana.*[22] Ahora lo retomaban los diputados dándole la fuerza de la voluntad nacional, representada en el Congreso.

La preponderancia del Congreso en la organización de la República federal ocuparía la atención de Alamán en reflexiones posteriores. Aquí, en la de 1828, se definía muy claramente la concepción histórico-política que había de servir de base al juicio sobre la instituciones de la federación mexicana. Si tratando de orientarnos, siguiendo los términos de Karl Mannheim, advertimos que el pensamiento de Alamán corresponde a la *ideología*, a la visión del mundo social y político como producto de la evolución histórica que no admite saltos ni vacíos, de tal forma que la actualidad debe asumirse con los elementos que la constituyen en el tiempo. Esto en contraposición a la *utopía*, concepción de grupos en ascenso, que quieren anular la historia que les ha sido desfavorable para llegar a una situación legitimada en principios ético-políticos intemporales, y en reacción a ellos los conservadores afirman el orden sucesivo.[23]

---

[20] L. Alamán, *Obras*, t. XI, p. 477. Las cursivas son mías.

[21] *Ibid.*, p. 481.

[22] David A. Brading, *Los orígenes del nacionalismo mexicano.*

[23] Karl Mannheim, *Ideología y utopía*, pp. 112-347; Irving Louis Horowitz, *Fundamentos de sociología política*, pp. 41-100.

# La baja democracia y los hombres de bien: crítica de las instituciones de la República federal

Guadalupe Victoria, primer presidente de la República federal, gobernó de octubre de 1824 a marzo de 1829 tratando de conciliar los intereses que se manifestaban más beligerantes. Las logias yorkinas, organizadoras del "partido popular", ganaban terreno y el mismo presidente fue guiado por ese camino, al que, según recordaba Lorenzo de Zavala, se oponían los propietarios y la gente acomodada, que se iba agrupando en torno a las logias del rito escocés. La radicalización del ambiente y la arbitrariedad que a la postre dio como resultado de ese activismo político, llevó a personajes notables a crear agrupaciones diversas para evitar la polarización de intereses y de acciones, pero a la postre estos personajes tuvieron que elegir entre los principales contendientes o el destierro de la vida pública.

La situación llegó al extremo en 1828 con motivo de las elecciones en las que contendieron Vicente Guerrero, candidato de los yorkinos, y Manuel Gómez Pedraza, por los "hombres de bien". Gómez Pedraza triunfó aunque con estrecho margen de 11 votos contra 9, emitidos por las legislaturas de los estados; 137 diputados votaron por él y 123 por Guerrero.[24]

El resultado fue impugnado por los perdedores alegando la violencia ejercida sobre notables personajes yorkinos antes y durante las elecciones y llegaron a ejercerla éstos de manera extrema la noche del 3 al 4 de diciembre cuando las tropas acuarteladas en la prisión de La Acordada, dirigidas por Lorenzo de Zavala, fueron seguidas por el populacho que se dio al saqueo del mercado del Parián al grito de "¡Vivan Guerrero y Lobato y viva lo que arrebato!" "El motín de La Acordada" marca el desprestigio del partido popular, de las logias y de sus dirigentes; muchos "progresistas" se arrepintieron y abandonaron las filas del partido popular. Cuando Guerrero asumió la Presidencia, en 1829, contaba sólo con el apoyo de los más comprometidos. Así, no pudo el presidente evitar la caída de la hacienda pública ni el descontento de masas urbanas que carecían de trabajo; la inseguridad en los caminos se agravó y creció el desorden en los estados gobernados por yorkinos. Las clases acomodadas vieron

---

<sup>24</sup> M. P. Costeloe, *La primera República federal de México*, p. 182.

amenazados sus intereses por diversos lados; la expulsión de los españoles, decretada en 1827 y que había causado protestas y malestar en diversos medios, siguió y fue ratificada en 1829 por una nueva ley. En vano dispuso el régimen un orden para proveer los obispados y los cabildos catedralicios que se hallaban vacantes; los gobernadores de los estados reclamaban prerrogativas y la jerarquía eclesiástica, poco numerosa, resistía. La anarquía creció y se definió el movimiento contra Guerrero, quien abandonó la capital en diciembre de 1829.

Anastasio Bustamante, vicepresidente electo en 1828, ocupó la Presidencia en enero de 1830. Como secretario de Estado y de Relaciones Exteriores reapareció Lucas Alamán. Su presencia a la cabeza del partido del orden o de la jerarquía fue visible en los dos años y meses que siguieron, a ese primer gobierno de Anastasio Bustamante se le llamaría "La administración Alamán".

Como secretario de Relaciones Exteriores, Alamán procuró el reconocimiento de la independencia por parte de España, buscando la mediación de Francia e Inglaterra; propuso medidas para contener el avance de colonos norteamericanos que iban ocupando tierras en Texas, pues esto conducía a un conflicto internacional, y trató con éxito, en colaboración con el secretario de Justicia, que la Santa Sede reconociera a los candidatos propuestos para ocupar seis de los diez obispados que estaban en sede vacante (Michoacán, Puebla, Guadalajara, Durango, Chiapas y Nuevo León; el arzobispado de México seguiría vacante hasta 1839). Este arreglo diplomático que afectaba la organización interna del país permitió atender otras necesidades como la provisión de canonjías en los cabildos y de curatos en el territorio de la República, pues se evitaron los recelos provocados por el reclamo del patronato que hacían gobernadores de estados. Por otra parte, abrió las puertas a los españoles expulsados y procuró el desarrollo de la industria del país mediante la creación del Banco del Avío, en 1830.[25]

De ese régimen de Bustamante se ha dicho que logró el orden hacendario y administrativo sin cuestionar expresamente las instituciones federales que obstaculizaban la uniformidad requerida para lograrlo, pero que en la práctica el acomodo político fue tan enérgico, que parecía un orden central, y de centralistas eran acusados sus par-

---

[25] *Ibid.*, p. 249-274.

tidarios ya en los inicios del mandato. Lo cierto es que al renovarse el Congreso se procuró la participación de propietarios y de otras personas notables; en los estados fueron depuestos los gobernadores que ofrecían resistencia, se endureció el control militar, se multiplicaron los destierros y hubo sucesos muy comentados por la dureza de la represión, como ocurrió en Michoacán con la persecución de los partidarios del gobernador José Salgado. El más sonado fue la acción que culminó con la ejecución de Vicente Guerrero, el 14 de febrero de 1811.

Guerrero se había retirado al sur, en el territorio inexpugnable que tan bien conocía y allí había permanecido sin dar señales de querer participar en la política. Después se sumó al movimiento contra Bustamante que ya cobraba fuerza en diversas partes del país y, siendo dueño del puerto de Acapulco y de un gran prestigio como héroe de la Independencia, puso al gobierno en situación bien incómoda. Su aprehensión mediante la intervención de un navegante genovés, al que se dieron 50 000 pesos que por orden del secretario de Hacienda, según dijo Alamán, salieron de la Secretaría de Relaciones, y las evidencias por las que se demostró luego que estuvo bien enterado de la maquinación, se sumaron en contra del prestigio de Alamán, a quien se señaló como principal autor intelectual de la muerte de Guerrero.

Alamán renunció a la Secretaría de Estado y Relaciones en mayo de 1832. En agosto, Bustamante dejó el poder a Antonio López de Santa Anna, jefe de la revolución triunfante, quien habría de dejar el gobierno en manos del vicepresidente Valentín Gómez Farías en 1833. Entonces se inició el proceso contra los secretarios de Guerra, Hacienda y Relaciones de Bustamante, acusados de haber dispuesto la ejecución de Vicente Guerrero. Fue Alamán el principal inculpado y sería la víctima de la más encarnizada persecución al tiempo que se le procesaba en la Suprema Corte, cuyos miembros habían sido removidos para dar el lugar a suplentes adictos al partido de Gómez Farías, ahora en el poder.

Alamán alegaría bien en textos escritos desde su escondite, que publicó en 1834 para probar su inocencia.[26] Tanto en estos dos alegatos como en otro documento que daría a la prensa posteriormente,

---

[26] "Conducta del gobierno sobre la persona y causa del ex ministro don Lucas Alamán", en L. Alamán, *Obras*, t. XI, pp. 9-31 y 33-234.

"Examen imparcial de la administración del general vicepresidente D. Anastasio Bustamante",[27] enjuició las instituciones de la República federal, y debemos considerarlos como fundamentales en la formación del pensamiento político de Lucas Alamán.

Moisés González Navarro advierte que después de 1832 cambia la actitud de Alamán, pues a partir de entonces se manifiesta el pesimismo que se irá acentuando en su concepción de la historia y en la crítica abierta a las instituciones de la República federal.[28] Como funcionario las sostuvo, por más que no estuviera conforme en las situaciones que planteaban quienes abusaban de esos medios; luego, ya perseguido, se apoyó en ellas advirtiendo que debía juzgársele por el tribunal competente, la Suprema Corte de Justicia, compuesta por sus ministros propietarios y no por los suplentes nombrados por sus perseguidores para constituir una comisión *ex post facto*. Alamán pedía la pronta restitución de la Corte en consecuencia con las instituciones liberales mexicana,[29] pues lo que ocurría entonces sólo era comparable con "la historia de Francia en la época desventurada del dominio de los jacobinos desde 1792 a 1795".[30]

Hasta ese momento la crítica de Alamán recaía en la situación y en quienes habían desvirtuado las instituciones, pero al hacer el "Examen imparcial de la administración del general vicepresidente D. Anastasio Bustamante" y sus observaciones sobre "el estado presente de la República y consecuencias que éste debía producir", rebasó los límites circunstanciales y personales y se refirió a la estructura institucional considerando que,

> Para juzgar imparcialmente la conducta no sólo de un gobierno, sino de un particular ya sea en la esfera de una comisión pública o ya en la limitada de un encargo privado, es menester fijarse en estos puntos esenciales: cuál fue la naturaleza del encargo que se le confió, en qué circunstancias, qué medios se pusieron en sus manos para desempeñarlos y, supuestos éstos, hasta qué punto supo aprovecharlos para llenar los objetos de su comisión.[31]

---

[27] "Examen imparcial de la administración del general vicepresidente D. Anastasio Bustamante", en L. Alamán, *Obras*, t. XI, pp. 235-275.

[28] M. González Navarro, *El pensamiento político de Lucas Alamán*, p.102.

[29] L. Alamán, *Obras*, t. XI, pp. 9-31.

[30] *Ibid.*, pp. 95-96.

[31] *Ibid.*, p. 241.

Era pues, un análisis institucional basado en la historia y en la propia experiencia como aconsejaba el inspirador de Alamán, Edmund Burke, cuyas "Reflexiones sobre la Revolución francesa" (1790) tomó como ejemplo y citaría en el epígrafe y oportunamente a lo largo del texto.[32]

La Constitución federal de 1824, inspirada en la de los Estados Unidos de Norteamérica, era, según Alamán, la más completa desvirtuación del modelo porque lo que se había impuesto era en realidad la Constitución de la Asamblea francesa tomada de la Constitución española de 1812. Se dio así una monstruosa acumulación de poder en el cuerpo legislativo haciendo imposible el control y equilibrio que procuraron los legisladores modernos al adoptar el principio de división de poderes. La situación se había llevado a extremos terribles en algunos estados, como el de Zacatecas, donde los congresistas controlaban permanentemente a las autoridades, pues el Legislativo sesionaba todo el año. En el caso de la federación había periodos determinados, pero de nada servía esto al gobierno, pues el Ejecutivo, primer responsable y último en facultades propias para dirigir a la nación, tenía que contar con la autorización del Congreso para nombrar a sus empleados y sus actos eran vigilados y juzgados por el Congreso, lo que no ocurría en los Estados Unidos, donde el presidente nombraba y destituía a los empleados sin dar explicaciones al Congreso.[33]

Por otra parte, el Ejecutivo no tenía un órgano consultivo propio para discutir los asuntos de su competencia y quedaba aislado durante los periodos en que no sesionaba el Congreso, pues si había un *Consejo de Gobierno*, era éste una invención original que no hacía honor a sus creadores. No era un cuerpo consultivo nombrado por quien requería consejo, sino la mitad del número de senadores reunidos durante el tiempo en que éste no sesionaba y, al fin y al cabo, indiferente sino es que contrario a la suerte del Ejecutivo.[34]

En casos de gravedad, el Ejecutivo tenía que mendigar al Congreso facultades extraordinarias, y el Congreso,  como se había visto

---

[32] Alamán traduce directamente del inglés y cita el texto original. Sabemos por Vicente Herrero, autor de la traducción de los *Textos políticos* de Edmund Burke que publicó el FCE en 1942, que circulaba en el país una versión española de las "Reflexiones", impresa en la Ciudad de México en 1826 ("Introducción", p. 36).

[33] Cfr. L. Alamán, *Obras*, t. XI, pp. 249-250.

[34] Cfr. *ibid.*, pp. 252-253.

en repetidas experiencias, se oponía; al calor de las discusiones se exaltaba el celo de los diputados y senadores. Los miembros de los cuerpos colegiados no eran responsables de la decisión colectiva, por naturaleza impersonal, mientras que el presidente y los secretarios de despacho eran responsables de sus actos ante el Congreso. Así, copiando formas de un régimen presidencialista como el de Estados Unidos, se había establecido un régimen asambleísta, sujetando al presidente a la decisión impersonal e irresponsable del Congreso.

Y otro tanto ocurría en el Poder Judicial. Los magistrados de la Suprema Corte, electos por el Congreso, se hallaban sujetos a este cuerpo legislativo, cuya influencia en la aplicación de la ley resultaba determinante. No ocurría así en los Estados Unidos, pues los magistrados eran nombrados por el presidente y se garantizaba su autonomía dado que eran inamovibles. El presidente no podía destituirlos, mientras que en México el Congreso nombraba y removía[35] –lo cual sabía Alamán por experiencia.

Tal había sido la pobreza de medios con la que el sistema constitucional había armado al presidente Bustamante, haciéndolo al mismo tiempo responsable de la felicidad del país, e igual había ocurrido con quienes le habían precedido y sucedido. No era la federación como forma de gobierno, había una causa de orden general a la que había que acudir para explicar la situación del país.

> …Esta causa no es otra que la impotencia del ejecutivo para cumplir con las atribuciones necesarias de todo gobierno, y si alguna vez los mexicanos fatigados de los males de la anarquía, que han de ir cada día en aumento, pensarán seriamente en remediarlos, el primer paso que deben dar es vigorizar al gobierno, hacer que haya energía y fuerza donde no hay más que languidez y debilidad. En suma, que haya gobierno, pues que ahora no tiene más que una sombra o apariencia engañosa de él.[36]

Pero, ¿por qué había esa situación?, y ¿cómo resolverla? Si los mexicanos habían creado el sistema criticado, ellos debían reformarlo para llegar al conveniente. La cuestión era, en el fondo, quiénes y cómo debían participar en la vida política, es decir, determinar los límites de los derechos políticos, pues tal era el meollo de la representatividad.

---

[35] Cfr. *ibid.*, pp. 254-259.
[36] *Ibid.*, pp. 261-262.

Por principio de cuentas, para Alamán era evidente la relación directa entre la menor cantidad de personas implicadas y la mayor calidad de los resultados.

> …Cuando un poder es muy extenso el buen o mal uso que de él se hace sólo puede depender de las cualidades personales de los hombres en quienes se deposita, pues particularmente cuando estos hombres se hallan reunidos en una corporación numerosa no hay nada sobre la tierra que pueda contener sus extravíos…

Decía Alamán antes de citar a Burke, para quien

> …una completa democracia es la cosa más desvergonzada del mundo y en la misma proporción que es atrevida, como que nadie teme verse sujeto personalmente al castigo que nadie sobre la tierra puede infligirle…[37]

Había un llamado al temor religioso, pero no se actualizaba en el mundo impío. La posición era pesimista desde el momento en que no se hallaba la *virtud* como principio de la democracia republicana; el principio era el *interés personal*. La virtud, en todo caso, era el resultado de intereses concretos, en particular de los que derivaban de la propiedad y ésta era la que debía estar representada en las cámaras. Así lo habían entendido en los países donde, después de desechar la *ficción metafísica de la voluntad general*, se había restringido el voto y el derecho de ser elegido para los cargos públicos. Pero en México, donde arrastrábamos el error cometido por los legisladores de Cádiz, seguíamos pagando el precio del sufragio universal.[38]

Lo cierto es que la necesidad de limitar el derecho al voto había sido señalada años antes por Lorenzo de Zavala, enemigo político de Alamán y gran conocedor de la manipulación electoral. Hacia 1831, recordando los medios de que se valían los manipuladores en los países de base electoral amplia, concluía

> …Debe computarse, en mi opinión, no sólo la población numérica sino la masa de la propiedad y de las ideas en la sociedad, y sacar un resultado compuesto de estas bases: *población, propiedad, ideas o cuerpo moral*, porque los

---

[37] *Ibid.*, pp. 262-263.
[38] Cfr. *ibid.*, pp. 263-265.

representantes de esas tres cosas deben suponerse los más interesados en la prosperidad de la nación.[39]

Alamán restringió más el cómputo dando preferencia a la *propiedad* sobre la *ilustración*, que sería el equivalente a las *ideas o cuerpo moral* de la propuesta de Zavala. Alamán, siguiendo a Burke, consideraba que a la propiedad, "sobre todo la territorial, que es la más estable y la más íntimamente relacionada con la prosperidad de la nación", correspondía el derecho a tener "un influjo directo en la legislación", y que si bien la *ilustración* era apreciable, no dejaba de ser peligrosa. Personas que afectaban la ilustración y quienes aun teniéndola no conocían los deberes de conservar intereses propios por no tenerlos, veían en las dietas que correspondían a senadores y diputados un medio de ingreso. Los congresos estaban llenos de irresponsables que habían hecho de los puestos un *modus vivendi*.

La propiedad, mientras más grande era mejor, era la garantía de arraigo y responsabilidad. No se trataba, decía Alamán, de una representación ejercida por y para los grandes propietarios, pues lo que se difundiría por los propietarios era el *derecho de propiedad*, que como principio era equivalente a la grande y pequeña propiedad.[40]

Asegurando la representación en manos de los efectivamente interesados en los derechos, se lograría la responsabilidad y el cumplimiento de los representantes, pues acudirían a sus deberes movidos por su interés. Lo que ocurría en la actualidad, bajo el sistema de sufragio universal, era que un secretario de Estado, para conseguir que el Congreso se ocupara de los asuntos de su competencia, tenía que procurar la asistencia de los representantes a costa de invitaciones, recados, etc., y luego, si la lograba, veía cómo el asunto pasaba a una comisión –"al limbo de las comisiones", había dicho Servando Teresa de Mier–, que no volvía a reunirse.[41]

Gobierno fuerte y responsable frente a un Congreso verdaderamente representativo y con facultades bien delimitadas, eran las propuestas de Alamán. Las mantendría en los años siguientes, justificándolas con nuevas experiencias y precisando ideas. El paso principal estaba ya dado, el rechazo a las instituciones creadas en la Constitución de 1824 era el punto de partida y tal parece que un régimen central respondería a lo propuesto; pero había más: con o sin centralismo, había que vérselas con las llamadas revoluciones de Santa Anna y contra Santa Anna.

---

[39] L. de Zavala, *Ensayo histórico de las Revoluciones de México*, pp. 372.
[40] Cfr. L. Alamán, *Obras*, t. XI, pp. 265-273.
[41] Cfr. *ibid.*, pp. 273-275.

# Las revoluciones de Santa Anna

Alamán hablaba de política, por más que había propuesto retirarse de la vida pública. Oculto más de un año, de 1833 a 1834, sólo había podido volver al seno de su familia a fines de julio de 1834 y tuvo que esperar hasta el 17 de marzo de 1835 para obtener de la Suprema Corte la sentencia que lo absolvía de la acusación de autor intelectual de la muerte de Guerrero.

La verdad es que era imposible alejarse de la vida pública. Aun para los asuntos de menos relevancia tenían que moverse influencias haciendo valer el prestigio propio; lo que implicaba una constante actividad entre los miembros del Congreso y del Ejecutivo, comenzando por el presidente. Asuntos como la recuperación de los bienes del duque de Terranova y Monteleone, confiscados durante el gobierno del vicepresidente Valentín Gómez Farías, tuvieron buen fin para Alamán gracias a la intervención directa del presidente Santa Anna.[42] La necesidad de estar cerca de los poderosos y bien con ellos lo manifestó al duque en repetidas ocasiones en la larga y continua correspondencia que mantuvo con él y de la cual buena parte ha llegado hasta nosotros.[43]

En esas cartas nos enteramos de cuestiones públicas del momento tratadas con cierta espontaneidad o, al menos, desde un ángulo particular que deja ver situaciones de la vida cotidiana del país. Por ejemplo, lo relativo a la moneda de cobre, cuya circulación era problema para el gobierno y para los propietarios que tenían que recibir rentas con esa moneda. La comisión establecida ya en 1836 para su amortización, lograda en 1841, fue presidida por Alamán. La guerra de Texas en 1836, la prisión de Santa Anna a quien se creyó muerto, los juicios de Alamán sobre este personaje y su regreso –más temido que deseado– fueron asunto de las cartas al lado de las cuestiones relativas a la administración de los bienes, como que el éxito dependía de la relativa estabilidad del régimen central, establecido ya en los

---

[42] Carta de Antonio López de Santa Anna al duque de Terranova y Monteleone del 9 de agosto de 1834, en L. Alamán, *Obras*, t. XII, pp. 259-260.

[43] Esos interesantes testimonios se encuentran en L. Alamán, *Obras*, t. XII, pp. 269-688. Proceden del archivo Noriega, y cubren los periodos que van de 1834 a 1839 y de 1847 a 1853. La falta se debe, según explica el editor, a una lamentable pérdida (Cfr. 438).

últimos meses de 1835, afirmado al acabarse de promulgar "las siete leyes", y sacudido por la guerra de Texas.[44]

Alamán era miembro del Consejo de Gobierno y se daba cuenta que el régimen central se tambaleaba, pues los partidarios de la federación lo impugnaban considerándolo como la causa inmediata de la guerra de Texas. La única manera de afirmar el centralismo era ganarse al hombre que, para bien o para mal, tenía el apoyo de distintos grupos o "partidos", y que en 1837 regresaba, después de la prisión en Texas, a gobernar el país, Alamán le escribió el 23 de febrero una carta en la que lo ponía al tanto de la escasez de presupuesto y de otras situaciones difíciles y previniéndolo de lo que consideraba el mayor peligro para el país: la vuelta al régimen federal, animada por aquellos que habían hecho de "la venganza… su pasión favorita".

> …Aquí no puede ya dudarse qué es lo que caracteriza a los partidos: la federación, la libertad, no son más que pretextos que ya nadie cree: por una parte están los hombres de propiedad y respetabilidad, el ejército, y la gran mayoría de la población; por el otro unos cuantos aspirantes, que quieren progresar a costa de la nación, y que están prontos a servir a quien quiera tomarlos por la mano para levantarlos del polvo reservándose el derecho de abandonarle a su tiempo, pues no es leal con nadie el que no lo es con su patria.[45]

La figura de Lorenzo de Zavala, promotor de intereses de colonos norteamericanos y de la independencia de Texas luego de preparar el terreno a sus negocios desde los puestos públicos que ocupó en México, es la imagen que anima esta referencia. Pero lo más interesante de la carta es la afirmación de la propiedad –o clase propietaria–, de la respetabilidad –es decir, gente con prestigio por su posición– y del ejército como soportes del régimen, contando, claro está, con "la mayoría de la población".

Lo cierto es que el régimen central se mantenía con dificultad. El acoso de las reclamaciones diplomáticas era constante, el gobierno carecía de medios para enfrentar las demandas de sus acreedores, apoyadas en el caso de los extranjeros por la presión diplomática. En 1836 se había logrado el reconocimiento de la independencia por

---

[44] Cartas 31 y 32, de 3 de marzo y 3 de abril 1837, L. Alamán, *Obras*, t. XII, pp. 371-377. Sobre el régimen central, véase A. Noriega, *El pensamiento conservador y el conservadurismo mexicano*, pp. 17-107.

[45] J. C. Valadés, *Alamán, estadista e historiador*, pp. 362-368, 367.

parte de España, se inició entonces otra vía de negociación para satisfacer las relaciones de muchos ciudadanos españoles residentes en el país; a los Estados Unidos se les temía, pues en cualquier momento harían de Texas un estado de la Unión Norteamericana, lo cual significaba la guerra.[46] Aún así, no quedaba más remedio que valerse de esa potencia vecina como eventual aliado contra Francia, cuya escuadra, apoyando las reclamaciones de súbditos franceses residentes en México, bloqueó los puertos de Tampico y Veracruz en 1838. La situación de los franceses en México se hizo ingrata, pues se exacerbó el ánimo nacionalista; Santa Anna, al perder una pierna en la lucha contra los franceses, ganó el gran prestigio de héroe que le acompañaría en las revoluciones posteriores. Todo esto se halla referido por Alamán en las cartas enviadas al duque de Terranova y Monteleone, a quien da cuenta también de la pobreza del país, de inquilinos que pagaban en moneda de cobre, del rechazo de los censatarios al pago de los censos, parte por la escasez de dinero y parte por las razones políticas, compartidas por algún abogado de quien tenía que valerse para cobrar.[47]

Por si fuera poco, Alamán, malquistado con elementos del gobierno del presidente Anastasio Bustamante, quien se hizo cargo del Ejecutivo de 1838 a 1841, renunció en 1840 (él diría que fue despojado) al puesto de consejero de gobierno. Esto ocurrió en momentos difíciles para el régimen central, amagado por un movimiento federalista que logró si no el triunfo, sí agrupar en la Ciudad de México a diputados de una nueva generación con los de generaciones anteriores, en un Congreso Constituyente cuya obra quedó en dos proyectos incompletos de Constitución.[48] Esos proyectos fueron desechados por Santa Anna, a quien correspondió nombrar una junta legislativa encargada de redactar unas Bases Orgánicas de la República Mexicana, promulgadas en 1843, afirmando el régimen central, cuya vigencia sería breve, pues en 1846 una nueva revolución, iniciada, como la anterior, en Jalisco, logró restablecer la Constitución federal de 1824 y luego, en mayo de 1847, adicionarla con el Acta de Reformas.

---

[46] Véase carta de Alamán al duque, 41, del 30 de enero de 1838, en L. Alamán, *Obras*, t. XII, pp. 395-397.

[47] Véanse cartas de Alamán al duque, 42, del 5 de marzo; 43, del 3 de abril; 44, del 30 abril; 45, del 23 de mayo y 46, del 21 de junio de 1838 y 217, del 28 de mayo de 1851, en L. Alamán, *Obras*, t. XII, pp. 397-411 y 625.

[48] Cecilia Noriega Elio, *El Constituyente de 1842*.

En ese agitado tiempo, Alamán procuró dedicarse a actividades particulares como la industria de tejidos en su fábrica de Celaya y en las empresas que tenía en sociedad, sorteando dificultades por la falta de materia prima y por la competencia extranjera, fomentada por Mariano Arista, enemigo de Alamán desde entonces; pero la presidencia de la junta para la amortización de la moneda de cobre (que se recogió entregando a cambio la mitad de su valor en moneda de plata, según la providencia sugerida por Alamán en 1841), la de la Junta de Fomento de la Industria y la redacción del reglamento respectivo, inspirado en la Ordenanza de Minería, y otros encargos consumían el tiempo que le dejaban libre la atención de su administración particular y, sobre todo, la de los bienes del duque de Terranova y Monteleone. El patronazgo del Hospital de Jesús, cuya mejoría fue notable durante la administración de Alamán (el número de camas aumentó pasando de 12 a 40 y logró los servicios de los médicos más prestigiados), cobro de rentas, venta de inmuebles, adquisición de otros, la administración directa de la hacienda de Atlacomulco, en la cual tenía que vérselas con los pueblos de indígenas vecinos en constantes pleitos judiciales, y atender encargos particulares del duque (envío de productos de la tierra, de cigarros de Cuba, etc.), eran tareas que Alamán desempeñaba como apoderado. Su salud, afectada por un padecimiento pulmonar contraído en 1833, se resentía. Algo ayudaba al descanso en su hacienda Las Trojes (cerca de Celaya) y, lo que fue costumbre, el pasar el invierno en Atlacomulco, disfrutando del buen clima del valle de Cuernavaca, pero sin dejar de atender tareas de la administración ni las de su interés en los asuntos históricos, como lo acreditan las referencias que hace al duque de Terranova en una carta de 1836 y las anotaciones a la *Historia de la conquista de México* de William Prescott, cuya edición castellana se publicó en México en 1844.[49] Además, precisamente en este año empezó a publicar las *Disertaciones sobre la historia de México* a las que había precedido un *Ensayo histórico sobre el Parián*.[50]

---

[49] 29, del 21 de diciembre de 1836, L. Alamán, *Obras*, t. XII, pp. 366-367. La edición mexicana de la *Historia* de Prescott es la que preparó Juan A. Ortega y Medina para su publicación por la Editorial Porrúa con un excelente estudio preliminar (véase los datos en la bibliografía).

[50] Las *Disertaciones* corresponden a los tomos VI, VII y VIII de las *Obras* publicadas por la Editorial Jus; el *Ensayo* se encuentra en el t. XI, pp. 359-370.

Alamán se daba tiempo para todo, vivía ya en la casona de Puente de Alvarado donde años después lo trataría Guillermo Prieto y donde al ritmo de un orden riguroso, las tareas literarias, la atención de los negocios y la educación y los hijos se hacían compatibles con el trato de los asuntos públicos.[51] En 1845 apareció el periódico *El Tiempo*, en el que colaboraría Alamán y en el que se afirmó el pensamiento conservador proponiendo una idea compartida por muchos desde años antes: la monarquía representativa.

En diciembre de ese año hubo varios movimientos, y el encabezado por Mariano Paredes y Arrillaga en San Luis Potosí llegó al Palacio Nacional, organizó una junta de gobierno cuyo consejo de ministros convocó a un congreso extraordinario. La ley electoral para formar este cuerpo fue obra de Alamán y en ella se define el proyecto conservador como organización corporativa.[52]

Se trataba de asegurar la representación de las clases de la sociedad procurando que intervinieran en la solución de las cuestiones importantes en la medida en que esas clases participaban efectivamente como intereses y como fuerzas. Había que determinar las cualidades electorales, apreciando la propiedad física o moral calificada por la suma de contribuciones que cada ciudadano aportaba para atender a las cargas del Estado.

El Congreso se constituiría por 160 diputados, de las siguientes clases y distribuidos así:

1a. La propiedad rústica y urbana y la industrial y agrícola (incluidos aquí los arrendatarios de haciendas), 38 diputados. 2a. La minería (tanto los que se dedicaban a la industria, como los aviadores asociados a ellos), 14; la industria manufacturera, 14; las profesiones literarias, 14; la magistratura (magistrados de tribunales superiores y jueces letrados), 10; administración pública (secretarios de Estado y altos empleados), 10; clero, 20 (en este caso no habría elección, pues serían diputados los obispos y cada uno de los diez cabildos eclesiásticos nombraría a su representante), y el ejército (sólo tendrían voto jefes y oficiales), 20.

El cálculo de la población de los departamentos, la distribución del número de diputados que a cada uno correspondía de acuerdo

---

[51] Guillermo Prieto, *Memorias de mis tiempos*, pp. 413-416.

[52] Felipe Tena Ramírez, *Leyes fundamentales de México*, pp. 92-110. M. González Navarro, *El pensamiento político de Lucas Alamán*, pp. 117-126.

con las actividades que en su territorio se desarrollaban, las bases para el registro de candidatos y la forma de elección se reguló cuidadosamente en 156 artículos, que no podemos seguir en detalle; basta lo apuntado para advertir el control que pretendía oponerse a los desmanes de una democracia total, originada sobre la base cuantitativa. Acoger la auténtica representatividad socioeconómica, como diríamos hoy, era el ideal de Alamán. Lo había esbozado en su *Exposición* de 1828 a favor de la propiedad y lo fue definiendo a partir de 1834 en las críticas que hizo al régimen político de 1824, inspirado en la obra de Edmund Burke.

Pero la oportunidad de poner en práctica el proyecto corporativo se vino abajo. El movimiento de Paredes y Arrillaga no prosperó, otro movimiento encabezado por el general Mariano Salas se adueñó del Palacio Nacional y declaró vigente la Constitución federal de 1824 en lo que publicaba otra. Lo que ocurrió fue que no hubo nueva Constitución, sólo un Acta de Reformas, de 1847, que adicionaba la Constitución del 24.

Por ese entonces, a partir del 1846, Alamán empezó a escribir la *Historia de México* al tiempo que enfrentaba nuevas dificultades en la administración de los bienes del duque Terranova y Monteleone, pues ante el avance de los norteamericanos que invadían el país (la guerra había empezado ese año), el gobierno encabezado por el vicepresidente Valentín Gómez Farías había decretado la ocupación de los bienes. Alamán logró salvarlos, después de varias instancias, en febrero de 1847. El préstamo impuesto sobre los bienes del clero se sostuvo, y fue resistido por los voluntarios "más decentes" –al decir de Alamán– con las mismas armas que debían utilizarse contra el invasor. La vieja enemistad de Alamán con Gómez Farías y la mala situación del país acabaron de definir el pensamiento conservador y la reacción de Alamán, que otros autores han seguido en la prensa, en *El Tiempo*, de 1845 a noviembre de 1848 y luego en *El Universal*, periódicos en los que escribía don Lucas y cuyos editoriales en pro de la monarquía se le atribuyen.[53]

---

[53] Véase M. González Navarro, *El pensamiento político de Lucas Alamán*, pp. 117-126. La posición de Alamán impone la consideración del pensamiento político conservador de la época; González Navarro hace interesantes sugerencias en *El pensamiento político de Lucas Alamán*, pp. 134-135. Por nuestra parte, hemos acudido a Juan Donoso Cortés, *Obras*, particularmente a los *Principios constitucionales (1837)*, y al *Discurso sobre la Dictadura* (1849). El paralelismo es evidente, pero no advertimos influencia directa de Donoso Cortés en Alamán.

Debo dejar esa fuente, pues no tengo a la mano hemeroteca, para seguir el pensamiento político de Alamán en las cartas que escribía al duque de Terranova y Monteleone. Hay en esta correspondencia un interesante diálogo sobre la experiencia política de México y de Sicilia, pues el duque residía en Palermo y desde allá escribía a Alamán.

"Van de prisa las revoluciones por acá –decía Alamán al duque el 28 de mayo de 1847–, siempre que escribe V. felicitando a alguno de nuestros presidentes por su elección, cuando llega la carta ya ha caído", e irónicamente agregaba que se quedaría con la carta que mandaba a Santa Anna, pues no sería difícil que volviera a subir,[54] como ocurrió.

Estar bien con el que mandaba era obligación de todo hombre de negocios, administrador, propietario o ambas cosas, callando siempre el juicio que mereciera en lo personal el mandón en turno. Santa Anna, sobre quien Alamán ya había externado juicios negativos en sus cartas particulares, resultaba el menos malo por no ser afecto a los extremistas y, sobre todo, era un hombre del que había que estar cerca, dada su habilidad para la intriga.[55]

Pero una cosa era acercarse a los que manejaban revoluciones y otra participar en la dirección de éstas. Por ello, en 1848, cuando se enteró Alamán de la revolución en Italia y de la participación de aristócratas sicilianos que pretendían controlar el movimiento en Palermo, no dejó de manifestarle al duque sus temores sobre el asunto:

Me he instruido con mucho interés de la relación circunstanciada que V. se ha servido hacerme de las ocurrencias de esas ciudad [de Palermo] y veo que hasta ahora todo ha ido bien, habiendo intervenido en la revolución las personas más respetables de la sociedad. Quizá éstas podían sostenerse a la cabeza de los negocios, en los que celebro haya V. sido llamado a tomar parte, pues en esto lo que hay que temer es que en esa revolución, como en todas, de lo que tenemos acá larga experiencia, la gente de bien las hace o apoya con buenas intenciones y a poco andar, la canalla se apodera de ella y hace pagar bien caro a la gente honrada la parte que en ellas ha tomado.[56]

---

En todo caso, hay que trabajar la prensa y otros testimonios de la época para comprender con una adecuada perspectiva el pensamiento conservador mexicano y, en caso de que las haya, establecer influencias y relaciones entre los pensadores.

[54] L. Alamán, *Obras*, t. XII, p. 447.

[55] Carta 160, del 28 de noviembre de 1847, en *ibid.*, p. 457.

[56] Carta 167, del 12 de junio de 1848, en *ibid.*, p. 472.

Eran esos temores, fruto del pesimismo que manifiesta Alamán en la carta del mes siguiente, cuando compara lo que estaba ocurriendo en Sicilia con la experiencia de los países hispanoamericanos

Veo por ella [la carta del duque del 28 de abril] la continuación de los sucesos políticos de esa isla y el aspecto que ha tomado de completo rompimiento con Nápoles y su gobierno, habiéndose establecido el provisional con grande alegría y aplauso de la población. Mucho celebraré que el éxito final de todo sea feliz, pero demasiado experimentados acá en materia de revoluciones, cuya larga carrera están Uds. comenzando ahora, no nos atrevemos a fiar mucho de las esperanzas y festejos que acompañarían siempre a los primeros pasos de ellos y que para este país no han concluido a otra cosa que a los pesares y desgracias en que estamos. ¡Dios quiera que Italia sea más dichosa que el continente español de América!, pero a la verdad, más bien lo deseo que lo espero.[57]

Reiteró ese pesimismo en otras cartas, al enterarse del curso que tomaban los acontecimientos en Europa[58] y cuando pesaban sobre él situaciones ingratas que tenía que ir superando. En junio de 1848 las tropas norteamericanas que habían quedado en la capital salieron. Alamán había logrado buenas relaciones con los jefes y oficiales y temía que al abandonar el país el ejército invasor dejaría en áreas, como algunas del Estado de México, un vacío que aprovecharían los indígenas, siempre levantados contra los hacendados, para ocupar las tierras; así se lo comentaba al duque hablándole de lo que ocurría en Atlacomulco.[59] La guerra de castas era un hecho en Yucatán, la Sierra Gorda y aun en las inmediaciones de la capital, y en la ciudad misma, donde se hablaba del exterminio de la gente de razón, descendiente de los asesinos de los padres de los indígenas.[60]

Alamán veía con temor los avances del partido liberal, radical o rojo, cuyos personeros agitaban a los indígenas de los pueblos y a la plebe de la ciudad, y daba cuenta al duque de los acomodos que tenía que hacer para lograr alguna influencia entre los dirigentes.

---

[57] Carta 168, del 12 de julio de 1848, en *ibid.*, p. 475.

[58] Carta 172, del 12 de noviembre de 1848, en *ibid.*, p. 487.

[59] Carta 163, del 12 de febrero, y carta 164 del 13 de marzo de 1848, en *ibid.*, pp. 462-468.

[60] A. Lira, *Comunidades indígenas frente a la Ciudad de México*, pp. 133-227. El periódico *El Universal* del 23 de marzo de 1850 contiene alarmantes noticias sobre discursos pronunciados en Santiago Tlatelolco incitando a la violencia. En general, la prensa de la época, en particular la conservadora, recoge ese tipo de noticias de muy diversas partes del país.

Resultaba interesante ver cómo después de la muerte del doctor Andrade, médico del Hospital de Jesús, decidió nombrar a

…Francisco Rodríguez Puebla [...] facultativo acreditado [...], además hermano de una de las personas [Juan de Dios Rodríguez Puebla, ardiente indigenista, diríamos hoy] que más influye en la política del país y muy relacionado con el partido contrario a la casa de V., por lo que podrá ser en adelante motivo de una protección para ella [...].[61]

En esas circunstancias resulta explicable la concepción pesimista que expresó las *Disertaciones sobre la historia de México*, cuando consideró que las revoluciones seguían fatalmente a un periodo de paz prolongado,[62] y el énfasis que puso al señalar la legitimidad de la reacción conservadora como respuesta necesaria al *despojo* de la patria realizado en nombre del régimen federal, que él identificaba con la anarquía. En la editorial de *El Universal* del 9 de enero de 1850 decía:

Nosotros nos llamamos *conservadores*. ¿Sabéis por qué? Porque queremos primero conservar la débil vida que queda de esta pobre sociedad, a quien habéis herido de muerte; y después restituirle el vigor y lozanía que puede y debe tener, que vosotros arrebatasteis y que nosotros le devolveremos. ¿Lo oís? Nosotros somos *conservadores* porque no queremos que siga adelante el despojo que hicisteis: despojasteis a la patria de su nacionalidad, de sus virtudes, de sus riquezas, de su valor, de su fuerza, de sus esperanzas… nosotros queremos devolvérselo todo, por eso nos llamamos *conservadores*.[63]

Como podemos apreciar, el pesimismo de Alamán no era radical, pues había la intención de actuar para restituir a la nación del vigor que le quedaba después de las enormes pérdidas: la del orden interno y la falta de credibilidad en el exterior y, la más palpable, la de más de la mitad del territorio en la guerra con los Estados Unidos.

En cierta medida se había logrado algún orden gracias a la indemnización de 15 millones de pesos que Estados Unidos fue pagando; pero en 1851, al irse agotando esos recursos, crecieron las inconformidades del ejército y de los empleados no pagados y la de los acree-

---

<sup></sup>[61] Carta 167, del 12 de junio de 1848, en L. Alamán, *Obras*, t. XII, p. 474.

[62] M. González Navarro, *El pensamiento político de Lucas Alamán*, PP. 105-127; A. Lira, "La recepción de la Revolución francesa", en *Relaciones. Estudios de Historia y Sociedad*.

[63] Citado por M. González Navarro, *El pensamiento político de Lucas Alamán*, pp. 127-128.

dores nacionales y extranjeros (éstos siempre favorecidos porque disponían del apoyo diplomático. Alamán procuró que el duque de Terranova y Monteleone fuera considerado español para lograr el pago de ciertos créditos derivados de la ocupación de sus bienes).[64]

Tal era la situación de la deuda pública (que Alamán estimó en más de 150 millones para el año de 1852: 57 ½ de la externa y 80 de la interna),[65] cuando el liberal moderado Mariano Arista se hizo cargo de la Presidencia, en enero de 1851. Renunció luego de soportar las más enconadas contradicciones por parte de los acreedores internos –entre éstos los miembros del ejército y los empleados, a quienes no podía pagarse oportunamente– y externos; de ver cómo se multiplicaban los levantamientos y de pedir en vano facultades extraordinarias al Congreso. Después de pronunciar un discurso en que pintaba la patética situación del país, dejó el poder el 6 de enero de 1853. Juan Bautista Ceballos se hizo cargo un mes, disolvió el Congreso y entregó el Ejecutivo a Manuel Lombardini, quien lo recibió ya como simple encargado en espera de Antonio López de Santa Anna, quien llegó a la capital en abril y se instaló en la Presidencia, concebida conforme al proyecto de Alamán, el 20 de abril de 1853.[66]

Según Alamán, que justo en el agitado año de 1852 dio fin a su *Historia de México*, la etapa contemporánea, de 1822 a 1852, debía llamarse "historia de las revoluciones de Santa Anna" y había que asumirla como una realidad para salvar a la nación. Tal es el propósito del capítulo final de la *Historia de México* en que Alamán resumió el diagnóstico de la situación del país que fue construyendo a lo largo de la obra y enunció su proyecto político.[67]

---

[64] Carta 209, del 13 de septiembre de 1851, en L. Alamán, *Obras*, t. XII, pp. 591-592.

[65] L. Alamán, *Obras*, t. V, pp. 558-562.

[66] M. González Navarro, *Anatomía del poder en México*. El autor parte de la siguiente pregunta: ¿cuál fue la sociedad que propició el regreso de Santa Anna en 1853?, y desarrolla, con amplísima información, la presentación de actores y de acontecimientos.

[67] L. Alamán, *Obras*, t. V, pp. 537-546.

**III.**

## Despotismo ilustrado y cesarismo moderado: la Nueva España y la Francia contemporánea

Alamán escribió el último tomo de la *Historia de México* cuando su salud se resentía del padecimiento pulmonar y de las fatigas de un intenso trabajo. Se reponía durante los meses de enero y febrero, que solía pasar en Atlacomulco dedicado a los afanes de la administración y al descanso, pero la vuelta a la Ciudad de México le sentaba mal y pese al orden riguroso y al cuidado en sus costumbres, su cansado organismo daba señales de agotamiento. Según Guillermo Prieto, quien lo trató precisamente en los años en que trabajaba sobre la *Historia de México*, Alamán comenzaba a escribir al despuntar el día y dejaba de hacerlo al mediodía, comía temprano en compañía de la familia y luego de un descanso breve se dedicaba a la educación de sus hijos; un buen paseo y al sueño reparador poco después de anochecer, para iniciar la misma jornada al otro día.[68] Pero algo más que no tocó ver a Prieto había en las actividades de Alamán, trabajo nocturno en la administración y en las relaciones políticas, como se percibe en algunas cartas dirigidas al duque, donde se queja del cansancio y de que ya no podía trabajar de noche; procuraba que el duque aceptara a su hijo Juan Bautista, abogado, como sucesor en el cargo de apoderado y vio –no sin pesar, por más que lo comprendió– que el duque le pedía nombres de personas con más edad y prestigio en la sociedad, a lo que Alamán contestó recomendando a José Ignacio Elguero, a Juan Nepomuceno Rodríguez de San Miguel y a Manuel Diez de Bonilla, tres opciones entre conservadores conocidos.[69]

Esas y otras cartas tienen el tono de disposiciones de última voluntad, que también encontramos en el tomo v de la *Historia de México*, cuyo prólogo firmó el 18 de noviembre de 1852, recogiendo el párrafo final de las *Reflexions on the Revolution in France*, que usó como epígrafe en su "Examen imparcial de la administración del general vicepresidente D. Anastasio Bustamante", con algunas variantes en la traducción. El párrafo es significativo debido a la reiteración y a

---

[68] G. Prieto, *Memorias de mis tiempos*, pp. 413-416 y *Viajes de orden suprema*, pp. 65-68.

[69] Carta 209, del 13 de septiembre de 1851, en L. Alamán, *Obras*, t. XII, pp. 589-590.

la deliberada identificación que Alamán establece con el ideario de Burke.

> La única recomendación [dice Burke, citado por Alamán] que puedo hacer a mis opiniones, es la larga observación que me ha conducido a formarlas y la mucha imparcialidad con que las he manifestado: ellas son las de un hombre que no ha servido de instrumento al poderoso, ni ha sido el adulador del grande y que en sus últimas acciones no desmentirá el tenor de toda su vida; en cuyo pecho ningún odio permanente o vehemente se ha encendido jamás, sino contra lo que ha considerado como tiranía; que aspira poco a honores, distinciones y reconocimientos, y que no los espera en manera alguna; que no mira con desprecio la fama, pero que tampoco teme a la maledicencia; que evita las disputas, sin dejar por ello de expresar sus opiniones; que quiere ser consecuente con sus principios, pero que quiere serlo variando los medios para asegurar el fin, y que cuando el equilibrio del bajel en que navega corre el riesgo de cargarse todo el peso a un costado, está dispuesto a llevar el pequeño lastre de sus razones al punto que convenga para conservar este equilibrio.[70]

Ese afán de equilibrio se daba en una situación en la que reinaba la *anarquía*, por lo que Alamán ponderó el *orden* como primera necesidad al externar su juicio sobre lo que ocurría y al señalar el papel que correspondía a su obra en esa situación de anarquía:

> Dar el nombre de sistema constitucional a tal desorden es violentar la significación de las palabras y gobernar al acaso, dictando providencias aisladas según las circunstancias, no es lo que puede hacer la felicidad de la nación, siendo al mismo tiempo incierto y poco seguro para el gobierno mismo, que no puede contar con un apoyo firme, ni con un partido con el que pueda poner su confianza.
>
> No tengo la presunción [decía dándole actualidad a las palabras de Burke] de creer que la reforma que he propuesto sea lo mejor, mas el haber manifestado mis ideas, largo tiempo meditadas, será acaso motivo para que otros expongan las suyas con mayor acierto, saliendo del camino trillado del centralismo o la federación.[71]

¿Cuáles eran, pues, esas ideas propuestas por Alamán en correspondencia al diagnóstico que elaboró con base en su larga experiencia?

---

[70] L. Alamán, *Obras*, t. V, p. 10.
[71] *Ibid.*, p. 595.

El federalismo había provocado la exageración del provincialismo y las tendencias disgregadoras, como se observaba en varios estados (Michoacán, con la separación de Colima; Zacatecas, con la de Aguascalientes); también, contrariamente, había integrado en una jurisdicción regiones bien distintas, creando serios inconvenientes y tensiones entre los habitantes que tenían que ir a capitales muy lejanas y de climas diversos para arreglar asuntos (los estados de México y Veracruz eran ejemplo palpable). Todo esto provocaba rechazos y había el peligro de que ocurriera lo que en la Unión Centroamericana, disuelta por la exacerbación de las naturales tendencias providencialistas.

Sin embargo, para Alamán había algo positivo en esas tendencias, como era la coherencia de los ámbitos regionales, a lo que debía responder la organización administrativa. Propuso entonces dividir los estados en tantos departamentos o distritos como tuvieran y establecer el mismo orden en cada una de estas unidades. No era esto, decía, una innovación, pues había sido ese "el antiguo sistema de Nueva España antes de que se creasen las intendencias, que después vinieron a ser los estados". Las nuevas unidades podían ajustarse para lograr el equilibrio considerando lo que la extensión territorial y la población exigieran,

> ...como se practicó en Francia cuando se hizo la división de los antiguos Estados o provincias en departamentos; división que tan benéfica ha sido a aquel país, que han conservado todos los gobiernos que se han sucedido desde la Asamblea nacional, y que hoy está ligada con todo el sistema administrativo de aquella nación.[72]

Recordaba así Alamán el origen francés de este modelo de división administrativa sobre la uniformidad del orden que permitiese la centralización política, pues tal era en sustancia la propuesta tan a la francesa, como otras en sus días, pese a que arriba decía que no habría innovación por ser aquel el sistema anterior, el de Nueva España.[73]

Esos departamentos, "Estados, círculos o cantones, como quiera llamárseles", serían más numerosos que los estados de la federación.

---

[72] *Ibid.*, p. 582-583.

[73] Teodosio Lares, *Lecciones de derecho administrativo* (1852); A. Lira, "El contencioso administrativo y el Poder Judicial en México a mediados del siglo XIX", en *Memoria del II Congreso de Historia del Derecho Mexicano*.

Sin embargo, no había que temer a la disgregación ni a la multiplicación del gasto, pues la igualdad y simpleza del sistema para el gobierno de cada uno aseguraban la unidad, la coherencia y la economía. En las capitales habría un jefe de gobierno con el sueldo que correspondía a un prefecto, y un Congreso, legislatura o junta del distrito encargado de dictar las disposiciones para la administración y orden interno. Limitadas así las funciones de ese órgano, se requerían pocas sesiones, de tal manera que los integrantes sólo deberían reunirse para cumplir sus precisos objetos unos días del año y no sería necesario pagarles sueldos, toda vez que los miembros habrían de nombrarse escogiendo a "vecinos acomodados", a los que cuando más había que darles una compensación por los gastos, como se practicaba en los Estados Unidos.[74]

Alamán proponía un gobierno de notables y no de políticos profesionales que vivían de la política y para la política, figura esta que aborrecía por razones y sinrazones de su larga experiencia.

Sobre la división propuesta, en el territorio se ordenaría la administración interna del ejército, para cuya formación debía acudir cada "Estado o departamento" siguiendo el plan adoptado para las milicias providenciales compuestas de regulares y sin diferenciar entre "cívicos" y otros cuerpos –pues eso daba lugar, como se había experimentado, a división de grupos cuando se necesitaba la unidad y la disciplina.

El orden hacendario y la colaboración en obras de interés general, entorpecidos entonces por las rivalidades entre estados de la federación, se lograría gracias a la simpleza y uniformidad del sistema, pues sobre un plan general dispuesto para todo el país era fácil determinar la parte que correspondía a la "federación" –así mencionaba Alamán a ese orden general que proponía– y a cada uno de los "Estados o departamentos", tanto en la aportación como en el disfrute de recursos fiscales.

El Congreso se compondría de una sola cámara formada por los diputados, uno por cada estado, electos directamente para evitar las intrigas del sistema indirecto, que desvirtuaban el derecho electoral; ciñéndose así al mínimo de integrantes, "el Congreso ganaría en dignidad lo que perdiese en número de diputados, sin que por esto

---

[74] L. Alamán, *Obras*, t. V, p. 587.

hubiese de proceder con menos acierto en sus deliberaciones, pues no contribuye a él el número, sino la calidad de los individuos".

Alamán habla de otra cámara que "si se juzgase necesaria" podría formarse "con otro género de elección, con menos número de individuos y esto con otras calidades o condiciones de los diputados"; pero no aclara. Evidentemente pensaba en un Senado nombrado por el Ejecutivo. La Cámara de Diputados propuesta por él tenía el carácter de una Cámara de Senadores como la del sistema federal, pues se integraba por representantes de jurisdicciones, "Estados o departamentos", y no de la población, y sus facultades serían más bien de ratificación y autorización, que legislativas.

En efecto, se circunscribían a la autorización del presupuesto y supervisión del gasto; a la autorización de las declaraciones de guerra; a establecer las bases necesarias para los aranceles en las aduanas marítimas, a "representar sobre los males que notasen en la nación proponiendo su remedio, y hacer en la Constitución las variaciones que el transcurso del tiempo hiciese conocer como necesarias". Esta última sería la función propiamente legislativa, pero como veremos adelante, se delimitará al encomendarse a comisiones.[75]

En realidad, Alamán luchaba contra la amplitud de facultades que había tenido en México el Legislativo, en perjuicio de las que él consideraba sus verdaderas atribuciones: vigilar el gasto para proteger la hacienda pública. Y claro, el mal estaba supuesto de que el Congreso era la representación de la voluntad nacional, cuando en realidad había sido instrumento de bandería política.

> En México, donde no hay opinión formada en el pueblo; donde las elecciones primarias se hacen al arbitrio de los comisionados para formar padrones, y las de segundo y tercer grado son el resultado de las intrigas que se ponen en ejercicio con los electores primarios y secundario, el sistema representativo no es una mera ficción, como casi en todas partes, sino una verdadera ironía, y por esto cada partido tiene a manos sus diputados y senadores para que salgan a la escena según lo pida la ocasión, de donde provienen las frecuentes disoluciones de congresos, a que la nación se muestra tan indiferente, como que se trata de cuerpos que no le pertenecen.[76]

---

[75] *Ibid.*, p. 588.
[76] *Ibid.*, pp. 537-538.

Ese párrafo era parte del diagnóstico y al leerlo comprendemos por qué Alamán restringió en su proyecto la dimensión y las facultades del Congreso. Es más, en sus reflexiones finales insiste en ese juicio negativo sobre el Congreso, generalizando su alcance

> ...como estos mismos males se han sentido en otros países que han adoptado este género de instituciones, ha llegado ya a dudarse si ellos son susceptibles de reducirse a la práctica en los países de lengua latina, o si están reservados para los países que proceden de origen teutónico.[77]

Esa comparación entre los países de lengua latina y los de origen teutónico era, hacía tiempo, lugar común y se afirmaría después en otros autores.[78] A los ojos de publicistas, lo que ocurría en la Francia de Luis Napoleón Bonaparte era una actualidad (habría que hacer el estudio de la prensa, de la legislación y de la doctrina de la época para ver cómo, desde mucho antes, se imponían los modelos franceses)[79] y para Alamán lo fue, evidentemente. En su proyecto, más que actualizar las viejas instituciones coloniales –según se ha dicho y él deja ver en varios lugares– Alamán trataba de adoptar el modelo presidencialista francés fincado en órganos consultivos de origen monárquico- representativo, a fin de encauzar el poder del presidente. No quería que ocurriera lo que estaba pasando en Francia otra vez, es decir, la reimplantación del cesarismo democrático; buscaba la moderación de las modernas instituciones francesas actualizando algunas de las novohispanas que podían servir para ello.

> Es menester que, como se ha hecho en la actual República francesa [es decir, la de la Constitución de enero de 1852], la responsabilidad recaiga sobre el presidente y no sobre los ministros, los cuales deben ser responsables al presidente , así como éste debe serlo a la nación y para que esta responsabilidad sea efectiva y no impracticable, como lo *será* en la República que acabamos de citar [aquí apreciamos la actualidad, pues Alamán escribía en 1852], es menester establecer el medio de impedir durante el periodo de gobierno de

---

[77] *Ibid.*, p. 588.

[78] A. Lira, "Mier y la constitución de México" en *op. cit.*, y "La Revolución francesa en la obra de Justo Sierra", en Alberro *et al.*, *La Revolución francesa en Mexico*.

[79] Paul Bastid, "El constitucionalismo francés a mediados del siglo XIX", en Varios Autores, *El constitucionalismo a mitad del siglo XIX*; Debbasch y Pontier, *Les constitutions de la France*, pp. 161-171; Alfonso Noriega, *El pensamiento conservador*; M. Calvillo, *La consumación de la Independencia y la instauración de la República federal*; A. Lira, "Mier y la constitución de México", en *op. cit.*

un presidente, el efecto de una providencia ilegal, dejando la calificación y castigo del crimen para un juicio de residencia bien establecido, que debe hacerse cuando haya dejado el ejercicio de la autoridad.[80]

Se trataba de no entorpecer al gobierno y de asegurar, al mismo tiempo, la responsabilidad del presidente y de quienes lo auxiliaban. Para ello debían establecerse *consejos*, sin aumentar los gastos de administración; una cámara compuesta por cierto número de ministros de la Corte para los asuntos de justicia y nombramientos eclesiásticos, como los antiguos consejos de Castilla e Indias; un consejo de Hacienda, uno de Guerra y otro de Estado, que debían ilustrar al presidente en los asuntos de su ramo, y juntos en los de mayor gravedad, y sobre reformas que debían hacerse con las leyes, *cumpliendo las funciones de segunda cámara*. Es decir, se adoptaba el modelo monárquico que ya tenía la Constitución francesa de 1852, pero con una modalidad: se establecían en las leyes casos en los que los consejos incurrieran en responsabilidad por lo que aconsejaran al presidente y aquéllos en que éste resultara responsable por no conformarse con el parecer de aquéllos.[81]

La distribución eclesiástica y judicial de la República debería ser consecuente con la política y administrativa, para evitar conflictos de jurisdicciones. El número de tribunales debería disminuirse paulatinamente para evitar gastos inútiles, cuidando de hacer ese ajuste sin afectar los derechos de quienes tenían en propiedad los puestos. Había que cuidar, por supuesto, la elaboración de códigos a los que se sujetarían las autoridades dando seguridad a los ciudadanos.[82]

Sobre un sistema tan claro y sencillo, la clase propietaria participaría en los asuntos públicos por considerar que éste tocaba de cerca a sus intereses.

La participación de esta clase y las virtudes que debían tener quienes fungían como autoridades fue algo que preocupó a Alamán. La moral, que él veía desvanecerse en el siglo del egoísmo, al grado de afirmar que entre los presidentes y otros funcionarios se contaba

---

[80] L. Alamán, *Obras*, t. V, p. 589. Véase P. Bastid, "El constitucionalismo francés a mediados del siglo XIX", en *op. cit.*

[81] L. Alamán, *Obras*, t. V. pp. 589-590; P. Bastid, "El constitucionalismo francés a mediados del siglo XIX", en *op. cit.*; Charles Debbasch y Jean Maine Pontier, *Les constitutions de la France*, pp. 161-171.

[82] L. Alamán, *Obras*, t. V, pp. 590.

quien había hecho más mal a su patria que el que hicieron al país lo más corruptos funcionarios de la época de Carlos V. Faltos de moral y procurando sólo su personal interés, muchos veían en su patria "un país de conquista" al que había que expoliar. Por ello, tratándose de elegir funcionarios, las virtudes morales eran preferibles a otras. "No es preciso [decía Alamán], que el poder recaiga en hombres de gran capacidad; decoro y probidad es lo que se necesita". Pero en un mundo en el que la incredulidad ganaba terreno y en el que no se consideraba que la residencia más rigurosa era la que tomaba Dios, como había dicho algún virrey, poca esperanza había de hallar personas con moral sólida. [83]

Pero aun suponiendo las mejores condiciones, un orden simple a cuyo servicio estuvieran hombres probos, había que tomar en cuenta la necesidad de reformas para adecuar el orden a las exigencias que impusiera el paso del tiempo.

Alamán tocaba así, como parte final de su proyecto, la cuestión de la *reforma de la Constitución*, en la que había visto fracasar a los congresos mexicanos y, claro, a las Cortes españolas. Éstas dejaron perder los dominios americanos por sujetarse a las formalidades del sistema, los congresos mexicanos habían acabado por disolverse de igual manera en el centralismo que en el federalismo. La verdad era que esos grandes cuerpos deliberantes sucumbían en su propia inercia, no debían contar, y de hecho no contaban, en el proyecto de Alamán, pues no dio cabida al Congreso como legislador.

Según Alamán, la antigüedad daba ejemplos notables por el acierto con el que se actuó cuando se trató de formar un código o de reformar la Constitución; "entonces se valieron de *comisiones especiales*" y había ejemplos cercanos. En Francia, cuando se trató de actuar, fue menester que el propio Congreso se disolviera en comisiones especiales.

La convención para obrar con la terrible energía que lo hizo, cesó de ser Congreso y se transformó en otras tantas dictaduras, cuantas eran las comisiones que de ella dependían, las cuales procedían independientes unas de otras y la

---

[83] Cfr. *ibid.*, pp. 590-591. Valdría tomar en cuenta lo que desarrolló Donoso Cortés en el *Discurso sobre la dictadura* para comparar el problema de la moral en la política. Nos parece que sin dejar de darle importancia, Alamán lo ve con un sentido eminentemente práctico, mientras que Donoso Cortés lo lleva al fondo de la reflexión teológica y filosófica, ausente en Alamán, al menos como cuestionamiento expreso.

organización posterior que Napoleón dio a Francia y la formación de los códigos que llevan su nombre fue el resultado de las deliberaciones de su consejo de Estado.[84]

Aquí sí Alamán se mostraba admirador del orden y la eficacia de esas "dictaduras", por más que rechazó expresamente la dictadura como medio para renovar la Constitución y que fue enemigo de las facultades extraordinarias y de la supresión del orden constitucional para enfrentar situaciones graves, pues en México esos medios habían producido efectos negativos, "juntar la facultad de gobernar con la de reformar" había llevado a mil desaciertos y a no tener el problema para cuya solución se habían otorgado esos poderes.[85]

Congruente con su discurso, Alamán proponía el medio para formar y reformar la Constitución.

> [C]onvendría que se nombrase una comisión que no excediese de tres o cinco individuos, encargada de constituir a la nación, la cual se entendería haberla facultado a este efecto, a lo que no se opone el corto número de individuos, pues la ficción del sistema representativo, tanto se puede considerar representada por cinco, como por ciento. Esta comisión tendría la facultad de nombrar todas las que creyesen necesarias para la organización de cada uno de los ramos que, según el plan que se propusiese, y todas las autoridades y oficinas de la república estarían obligadas a auxiliar sus trabajos y a flanquearle, cuantos datos y noticias pudiese necesitar, de suerte que al cabo de un año, cuando más, todo estuviese concluido, sin prejuicio de ir poniendo en ejecución cada parte, según fuese terminado.[86]

Proponía una revisión cada dos años para atender a lo que no se hubiese previsto modificar aquello en lo que no se hubiese acertado, "quedando ya después al Congreso hacer aquellas variaciones que el curso de los tiempos fuera demandando".

Descentralización administrativa bajo la centralización política, según el orden establecido por una comisión, que debía adaptarlo a los tiempos dejando al Congreso –reducido al número mínimo de sus miembros y de sus funciones– cuestiones de trámite y de autorización; un ejecutivo unipersonal fuerte y controlado por consejos para evitar las facultades extraordinarias y la dictadura personal. Tal

---

[84] L. Alamán, *Obras*, t. V, pp. 593.

[85] Cfr. *ibid.*, pp. 593-595.

[86] *Ibid.*, p. 593.

era, en resumen, el proyecto de organización del Estado mexicano propuesto por Alamán.

## Oportunidad forzosa y final

La oportunidad de realizar esas ideas se presentó –mejor dicho se recogió, pues venía siendo preparada– cuando Antonio López de Santa Anna volvió al país. El problema es que, como hemos señalado arriba, diversos grupos habían llamado a Santa Anna y trataban de ganárselo; era la carta a la que apostaban todos, y el partido conservador lo hizo por mano de Lucas Alamán, quien pese a no tener en lo personal un juicio positivo del personaje (lo había manifestado antes y lo manifestó en una carta al duque de Terranova y Monteleone pidiéndole autorización para disponer de recursos ahora que venía Santa Anna a gobernar, "pues es hombre que no se mueve sin dinero");[87] escribió al caudillo el 23 de marzo la misiva que podemos considerar un instrumento político para poner en práctica el proyecto de gobierno. Vale la pena detenerse en este documento, verdadero codicilo o complemento del testamento político de Alamán.[88]

Alamán advertía a Santa Anna que escribía en nombre del partido conservador, que si bien no estaba organizado como una masonería, lo constituían personas que compartían la misma opinión y obraban de acuerdo de un extremo a otro de la República. Quería dar a entender que contaba con un mayor arraigo en la sociedad que aquellas asociaciones de intrigantes, que eran las logias, y que Santa Anna debía oír lo que se le comunicaba "como la expresión abreviada de toda la gente propietaria, el clero y todos los que quieren el bien de su patria".

Le prevenía –como lo había hecho ya en aquella carta de 1837, cuando regresaba de Texas– contra las llamadas de otros grupos que siguiendo su sistema pretendían aprovecharse de las revoluciones,

---

[87] Carta 227, escrita del 28 de febrero al 4 de marzo en 1853, en L. Alamán, *Obras*, t. XII, pp. 658-662. La frase citada se encuentra en p. 661

[88] Arrangoiz reprodujo esa carta de Alamán a Santa Anna en su libro *México desde 1808 hasta 1867*, pp. 420-423, y advirtió que la copió del autógrafo que obraba en poder de Rafael, impresor español que trabajó buen tiempo en México, afecto al partido conservador y a cuyo cargo estuvo el diario *El Universal*. Según Arrangoiz, Rafael fue hombre de la confianza de Alamán, quien como muestra de aprecio le obsequió el original de la carta.

en especial de ésta que había triunfado gracias a la intervención del partido del clero. Los enviados del partido conservador no iban como los de otros partidos a pedir, sólo iban a manifestarle los principios de la gente de bien:

[1o.] Conservar la religión católica, porque creemos en ella y porque aun cuando no la tuviéramos por divina, la consideramos como el único lazo común que liga a todos los mexicanos, cuando todos los demás han sido rotos, y como único capaz de sostener a la raza hispanoamericana…

De ahí la necesidad de restablecer al culto su esplendor, arreglar las relaciones con la Santa Sede, dar seguridad al derecho de propiedad de la Iglesia y prohibir la circulación de obras impías e inmorales; por más que no se quisiera inquisición ni persecuciones.

[2o.] Establecimiento de un gobierno fuerte y respetable, sujeto a principios y responsabilidades que evitaran abusos.

[3o.] Estamos decididos contra la federación; contra el sistema representativo por el sistema de elecciones […] contra los ayuntamientos electivos y contra todo lo que se llama elección popular mientras no descanse sobre otras bases.

[4o.] Nueva división territorial que haga olvidar la actual forma de estados y facilite una administración […eficaz, que la federación no tiene].

[5o.] Fuerza armada en número suficiente para imponer el orden en el país y defender el territorio.

Nada de ese plan podría realizarlo un Congreso, debía hacerlo el presidente apoyado por consejos y "redactarse en forma de ley orgánica provisional", como se llevó a cabo en los días siguientes, del 22 de abril en adelante, cuando se expidieron los decretos para poner en práctica las *Bases para la administración de la República hasta la promulgación de la Constitución*, obra de Alamán, promulgada por Santa Anna y firmada por los secretarios de Estado de Relaciones Exteriores (Alamán), de Relaciones Interiores, Justicia, Negocios Eclesiásticos e Institución Política (Teodosio Lares), Guerra y Marina (José María Tornel), y Hacienda (Antonio Haro y Tamariz).[89] Faltó el de Fomento, Colonización, Industria y Comercio, Joaquín Velázquez de León, a quien se nombró días después.

---

[89] F. Tena Ramírez, *Leyes fundamentales de México*, pp. 482-484.

El gobierno supremo se dividía para su ejercicio en esas cinco secretarías. Los asuntos debían tratarse, con informe escrito del ministro del ramo, en junta de ministros, a cuyo parecer debería sujetarse el presidente.

Había un *Procurador general de la Nación*, a quien debía franqueársele toda la información que solicitara y tendría consideración de ministros de la Suprema Corte de Justicia en todos los tribunales y recibiría instrucciones de los ministros. Era nombrado por el gobierno, que podía removerlo.

En una segunda sección de las *Bases* se estableció el Consejo de Estado, compuesto por veintiséis miembros, distribuidos en las cinco secciones que comprendían a cada una de las secretarías de Estado, habría diez suplentes, un presidente, vicepresidente y secretario nombrados por el presidente de la República.

El gobierno interior, sección tercera, exigía la reorganización de todos los ramos de la administración y, por lo tanto, el receso de los legisladores de todos los estados y territorios; transitoriamente, la reintegración de las ciudades, pueblos y distritos a los estados de los que se habían separado, con excepción de Aguascalientes.

Tal era el documento escueto, obra de un consejo, pensado y escrito por Alamán. Era la base de un orden que haría énfasis en la administración. "Menos política  más administración" –lema según se dice del porfiriato, pero que como expresión se conocía ya en boca de Émile de Girardin cuando se gestaba la hegemonía de Luis Napoleón Bonaparte–[90] tenía en la obra de Alamán cabal aceptación. Pero no lo vio, no vio cómo la situación política lo desvirtuaba –comenzando por el mensaje, Santa Anna, que debía servir de instrumento para realizarlo–, pues Alamán murió al poco tiempo, el 2 de junio de 1853.

Se desató entonces la persecución, hubo acomodos y reacomodos que desvirtuaron el proyecto de Alamán, que al decir de algunos, se realizó sobre otras bases en el porfiriato.[91]El gobierno de Santa Anna, por otra parte, ha sido bien estudiado por Carmen Vázquez Mantecón[92] y debemos dejarlo para volver a la reflexión sobre Alamán.

---

[90] A. Lira, "Las opciones políticas del Estado liberal mexicano (1853-1910)", en González (coord.), *La formación del Estado mexicano*. En este trabajo hacemos un recorrido que va de las reformas borbónicas a la crisis del porfiriato. En ese panorama debemos ubicar la obra de Alamán y de liberales moderados, como Teodosio Lares, convertidos en conservadores. Sobre la frase, véase pp. 138-142.

[91] M. González Navarro, *El pensamiento político de Lucas Alamán*, pp. 120-126.

[92] Carmen Vázquez Mantecón, *Santa Anna y la encrucijada del Estado*.

Según Guillermo Prieto, liberal "purillo" de joven y ministro de Hacienda en el gobierno de Mariano Arista, perseguido y condenado al destierro por orden de Santa Anna en 1853, la suerte de tantos infelices perseguidos hubiera sido otra si Alamán no muere en ese año. Prieto guardaba gratos recuerdos de Alamán en los días de la ocupación norteamericana de la ciudad, cuando vivió en la casona del historiador en México; también de momentos posteriores, en 1850, cuando Alamán era diputado del Congreso, figura más notable del partido conservador y, sin embargo, el hombre razonable era capaz de aceptar la opinión de jóvenes diputados liberales. Pero Prieto, siguiendo la visión de su época –repetida por muchos después–, considera el proyecto político de Alamán como retrógrado y nada más.

> En Alamán [dice Prieto] todo era consecuente: quería para el comercio, prohibiciones; para el pueblo de que se burlaba, soldados; para los ladrones, tribunal de la Acordada. Y no lo quería porque fuese servil, ni porque no fuese amante de su país, que es una calumnia indigna, sino porque para él era una convicción imprescindible que no había régimen posible fuera del virreinal. Era la convicción del médico a favor de la medicina para tal enfermedad.[93]

Quizá para muchos, impresionados por la *Historia de México*, por la ironía de Alamán y sus constantes alusiones al pasado, eso era cierto; pero la actualidad de su información sobre lo que ocurría en Europa, particularmente en Francia, según hemos visto lo proyectaba a la modernidad; el impacto del derecho constitucional y administrativo francés aprendido en sus fuentes originales y en las adopciones que fueron haciendo en España y en países hispanoamericanos, es evidente en Alamán y más en personajes como Teodosio Lares, que le secundaron en aquel intento de organización del Estado mexicano, valiéndose de Santa Anna, tratando de adaptar lo utilizable de la legislación republicana-monárquica de Luis Napoleón Bonaparte y de evitar el cesarismo. Hay en todo esto una racionalidad político-administrativa modernizadora opacada por las guerras de Reforma e Intervención, pero, no obstante, una racionalidad que fue aprovechada en su momento por el "liberalismo triunfante", que, claro, desterró de la memoria todo lo que viniera del invasor francés, de Luis Napoleón Bonaparte, y que fijó sus ojos en la Tercera República francesa ya en una época posterior.

---

[93] G. Prieto, *Viajes de orden suprema*, p. 67.

Esa Racionalidad modernizadora ha sido bien vista por Charles Hale al estudiar *El liberalismo mexicano en la época de Mora*, 1821-1853, que es de la época de Alamán (Mora murió en 1850, Alamán en 1853). Hale advierte que los liberales acuden en su momento al racionalismo ilustrado en el siglo XVIII, y en obra posterior establece la continuidad de esa racionalidad hasta el liberalismo triunfante de fin de siglo XIX, partiendo de 1867.[94]

Pues bien, es esa continuidad, la visión de las instituciones políticas que tuvo Lucas Alamán es bien importante. Su concepción de la posible organización del Estado mexicano con los elementos históricos y actuales de que dispuso en su momento, debe verse como parte de proceso modernizador, que va del "despotismo ilustrado" al Estado "liberal-conservador" de fines del siglo XIX, pasando por el periodo de "la anarquía". Al momento crítico de este periodo corresponde el proyecto de Alamán, de tal suerte que, además del interés que tiene el estudio de la época, la visión de Alamán ofrece perspectivas para comprender el siglo XIX en su integridad, nos da testimonios de su presente y pasado inmediato y nos abre el camino para advertir el desenlace de una historia política en la que predomina la centralización.


## Bibliografía


*Actas Constitutivas Mexicanas (1821-1824)*. Estudio facsimilar, con introducción, edición y notas por José Barragán Barragán, 9 vols., México, UNAM, 1980.

Alamán, Juan Bautista "Apuntes para la biografía de don Lucas Alamán", en Alamán, 1972, t. I, pp. VII-XXXVIII.

Alamán, Lucas, *Disertaciones [Sobre la historia de la República mexicana]*, 2ª ed., 3 vols., México, Jus, 1969.

__________, *Documentos diversos (Inéditos y muy raros)*, 4 vols., México, Jus, 1945-1947.


---

[94] Charles A. Hale, *El liberalismo mexicano en la época de Mora*, y *Las transformaciones del liberalismo en México a fines del siglo XIX*.

__________, "Autobiografía de don Lucas Alamán...", en Alamán, 1947, pp. 11-28.

__________, *Historia de Méjico*, México, Jus, 1968-1972, 5 vols.

__________, *Obras de don Lucas Alamán*, México, Jus, 1942-1972.

Alberro, Solange, Alicia Hernández Chávez y Elías Trabulse, *La Revolución francesa en México*, México, El Colegio de México-Centro de Estudios Mexicanos y Centroamericanos, 1982.

Anna, Timothy E., *El imperio de Iturbide*, México, Conaculta, Artes-Alianza, 1991.

Arnaiz y Freg, Arturo, *Lucas Alamán. Semblanzas e ideario*, México, UNAM, 1939.

Arrangoiz, Francisco de Paula, *México desde 1808 hasta 1867*, pról. de Martín Quitarte, México, Porrúa, 1968.

Bassoco, José María, "Don Lucas Alamán. Biografía necrológica [1853]", en Alamán, 1945, pp. 1-53.

Bastid, Paul "El constitucionalismo francés a mediados del siglo XIX", en varios autores, 1957, t. II, pp. 787-872.

Biscaretti Di Ruffia, Paolo "El constitucionalismo italiano en la mitad del siglo XIX", en Varios Autores, 1957, t. II, pp. 1141-1207.

Brading, David A., *Los orígenes del nacionalismo mexicano*, México, Secretaría de Educación Pública, 1973.

Burke, Edmund, *Textos políticos*, México, FCE, 1942.

Calvillo, Manuel, *La consumación de la Independencia y la instauración de la República federal, 1820-1824*, México, Departamento del Distrito Federal, 1974, 2 vols. (2ª ed., El Colegio de México-El Colegio de San Luís, 2003).

Costeloe, Michael P., *La primera república federal de México (1824-1835). (Un estudio de los partidos políticos en el México independiente)*, México, FCE, 1975.

Debbasch, Charles y Jean MariePontier, *Les constitutions de la France*, París, Droz, 1989.

Donoso Cortés, Juan, "Principios constitucionales aplicados al proyecto de ley fundamental presentado a las cortes por la comisión nombrada al efecto (1837)", en Donoso Cortés, 1970, t. 1, pp. 446-481.

__________, "Discurso sobre la dictadura (1849)", en Donoso Cortés, 1970, pp. 305-323.

__________, *Obras completas*, Madrid, Biblioteca de Autores Cristia-
nos, 1970, 2 vols.

González, María del Refugio (coord.), *La formación del Estado mexicano*, México, Porrúa, 1984.

González Navarro, Moisés, *Anatomía del poder en México (1848-1953)*,
México, El Colegio de México, 1977.

__________, *El pensamiento político de Lucas Alamán*, México, El Co-
legio de México, 1952.

Hale, Charles A., *Las transformaciones del liberalismo en México a fines
del siglo XIX*, México, Vuelta, 1991.

__________, *El liberalismo mexicano en la época de Mora (1821-1853)*,
México, Siglo XXI Editores, 1972.

Horowitz, Irving Louis, *Fundamentos de sociología política*, México-
Madrid-Buenos Aires, FCE, 1972.

Lares, Teodosio, *Lecciones de derecho administrativo*, reimp. de la 1ª
ed. de 1852 con un prólogo de Antonio Carrillo Flores, México,
UNAM, 1978.

Legislación electoral mexicana, *Legislación electoral de México, 1812-
1873*, México, Publicación del Diario Oficial, Secretaría de Gobernación, 1973.

Lira, Andrés, *Comunidades indígenas frente a la Ciudad de México Te-
nochtitlan y Tlatelolco, sus pueblos y barrios, 1812-1919*, Zamora, El
Colegio de México-El Colegio de Michoacán-Conacyt, 1983. (2ª
ed.: El Colegio de México, 1995).

__________, "La recepción de la Revolución francesa en México,
1821-1848", en *Relaciones. Estudios de Historia y Sociedad*, vol. IX,
num. 40, otoño de 1989, pp. 5-27.

__________, "Las opciones políticas del Estado liberal mexicano,
1853-1910", en González, 1984, pp. 135-154.

__________, "El contencioso administrativo y el Poder Judicial en
México. Notas sobre la obra de Teodosio Lares", en *Memoria del
II Congreso de Historia del Derecho Mexicano*, 1984, pp. 621-634.

__________, "La Revolución francesa en la obra de Justo Sierra", en
Alberro *et al.*, 1982, pp. 179-182.

__________, "Mier y la constitución de México", en Rodríguez O.,
1994, pp. 161-176.

__________, "La insurgencia de Hidalgo según tres contemporá-
neos: Bustamante, Mora y Alamán", en Meyer, 1992, pp. 172-187

__________ "Lucas Alamán y la política exterior de México", en Secretaría de Relaciones Exteriores, 2002, pp. 49-76.

Manheim, Karl, *Ideología y utopía*, Madrid, Aguilar, 1958.

*Memoria del II Congreso de Historia del Derecho Mexicano*, México, UNAM, 1981.

Meyer, Jean (coord.), *Tres levantamientos populares: Pugachón, Túpac Amaru, Hidalgo*, México, Centre d'Etudes Mexicaines et Centroamericaines-Consejo Nacional para la Cultura y las Artes, 1992.

Noriega Elio, Cecilia, *El Constituyente de 1842*, México, UNAM, 1986

Noriega, Alfonso, *El pensamiento conservador y el conservadurismo mexicano*, México, UNAM, 1972, 2 vols.

Olavarría y Ferrari, Enrique, *México a través de los siglos, t. IV: México independiente, 1821-1855*, México, Editorial Cumbre, 1958.

Prescott, William, *Historia de la Conquista de México. Con un bosquejo preliminar de la civiliación de los antiguos mexicanos y la vida de Hernán Cortés*, traducida al castellano por don José María González de la Vega, anotada por don Lucas Alamán, con notas críticas esclarecimientos de don José Fernando Ramírez. Prólogo, notas y apéndices por Juan A. Ortega y Medina, México, Porrúa, 1976 (Sepan cuantos…, 150).

Prieto, Guillermo ("Fidel"), *Memorias de mis tiempos*, México, Patria, 1976.

__________, *Viajes de orden suprema*, Querétaro, Ediciones del Gobierno del Estado de Querétaro, 1986, 2 vols.

Rodriguez O., Jaime E., *México in the Age of Democratic Revolutions, 1750-1850*, Londres, Lynne Reinner Publishers, 1994.

Sciascia, Leonardo, *Los tíos de Sicilia y otros relatos*, Barcelona, Bruguera, 1984, pp. 109-193.

Secretaría de Relaciones Exteriores, *Escritores en la política exterior de México*, México, Secretaría de Relaciones Exteriores, 2002.

Tena Ramírez, Felipe, *Leyes fundamentales de México, 1808-1971*, México, Porrúa, 1972.

Valadés, José C., *Alamán, estadista e historiador*, México, UNAM, 1977.

Varios Autores, *El constitucionalismo a mitad del siglo XIX*, México, UNAM, 1957, 2 vols.

Vázquez Mantecón, Carmen, *Santa Anna y la encrucijada del Estado. La dictadura (1853-1855)*, México, FCE, 1986.

Weber, Max, "La política como vocación", en Weber, 1982, t. II, pp. 308-364.

__________, *Escritos políticos*, México, Folio ediciones, 1982, 2 vols.

Zavala, Lorenzo de, "Ensayo crítico [sic por histórico] de las revoluciones de México desde 1808 hasta 1830", en Zavala, 1969, pp. 1-605

__________, *Obras. El historiador y el representante popular*, México, Porrúa, 1969.

# CATHERINE ANDREWS<sup>*</sup>

Los casi doscientos años que nos separan de la vida y experiencias de Lucas Alamán pueden, a primera vista, parecernos un abismo enorme. Tantas cosas han cambiado durante estos siglos. Tenemos automóviles en lugar de carruajes; luz eléctrica en lugar de velas; escribimos en computadoras en lugar de usar la tinta; nos comunicamos mediante mensajes de texto, desde teléfonos celulares en lugar de remitir cartas en papel. En el ámbito social y cultural las diferencias son igualmente grandes: consideren mi persona, una mujer con estudios superiores, quien vino del extranjero, soltera y sin acompañante, para hacer una vida en México. Sabemos que las mujeres del siglo XIX no tenían tales oportunidades. Por estas y muchas otras razones, es seguro que Alamán no entendería cómo funciona la vida moderna; tan lejos y tan distinta de la suya.

Pero si vemos con más atención, rápidamente nos percataremos que algunas cosas no son tan diferentes a principios del siglo XXI de cómo eran en las primeras décadas del siglo XIX cuando Alamán se encontraba en la plenitud de su vida. De hecho, una de las razones por la que estamos conmemorando el Bicentenario de la Independencia, es precisamente porque con la consumación de ésta vio la luz por primera vez el México moderno en que vivimos. Por ejemplo, en la década de 1820 se crearon las bases de la vida política y jurídica moderna que aún están vigentes, aunque en formas distintas. Una

---

<sup>*</sup> Este texto se presentó originalmente con el título "¿Por qué leer a Lucas Alamán hoy? Los proyectos constitucionales de Alamán (1830-1835) y la reforma política actual".

de las instituciones importantes fue la Constitución federal de 1824 que dio vida a los Estados Unidos Mexicanos como entidad política. Esta Constitución instauró un gobierno federal que reconocemos inmediatamente, pues divide el ejercicio del poder público en tres ramos: Legislativo, Ejecutivo y Judicial, y establece que su gobierno debe conformarse a base de elecciones populares.

Asimismo, a causa los acontecimientos que tuvieron lugar durante los procesos electorales, las primeras décadas del siglo XIX constituyeron un momento de transición política. De manera similar a los acontecimientos de los últimos veinte años, los políticos mexicanos en aquella época se enfrentaron el reto de cómo reconstruir la legitimidad del Estado cuando las antiguas costumbres y prácticas, que habían sustentado la existencia de los gobiernos previos, estaban en entredicho. Tal como hoy, existía entonces una variedad de opiniones sobre el asunto y la confrontación entre las distintas propuestas provocaron divisiones importantes en la clase política.

Visto desde esta perspectiva, las experiencias de vida de Alamán no son radicalmente distintas a las nuestras y, por ende, sus textos podrían ser de utilidad para entender nuestra situación actual. En este ensayo hablaré de un texto suyo que creo que tiene una relevancia especial para nuestro presente. Es un ensayo que Alamán publicó por primera vez en 1830 en el periódico del gobierno federal, el *Registro Oficial del Gobierno de los Estados Unidos Mexicanos*, y que fue impreso nuevamente en 1835 –como folleto– con el título de *Reflexiones sobre algunas reformas a la Constitución federal de la República mexicana*.[1] Al leer este título, entenderán que he escogido este trabajo de Alamán por lo que nos puede decir sobre las propuestas recientes para la modificación de la Constitución de 1917 que han sido presentadas al Congreso de la Unión por el presidente Felipe Calderón, y las contrapuestas del Partido Revolucionario Institucional, de los partidos la Revolución Democrática, del Trabajo y Convergencia, así como del Partido Verde Ecologista de México.[2]

---

[1] México, reimpreso por Ignacio Cumplido, 1835.

[2] "Iniciativa de decreto por el que se reforman, adicionan y derogan diversas disposiciones de la Constitución Política de los Estados Unidos Mexicanos," presentado a la Cámara de Senadores el 15 de diciembre de 2009, disponible en línea: <http://www.reformapolitica.gob.mx/pdf/ Iniciativa_Ejecutivo_Reforma_Politica_2009.pdf>. Se pueden consultar las contrapropuestas de los partidos en el mismo sitio en los siguientes vínculos: del Partido Revolucionario Institucional, "Iniciativa con proyecto de decreto por el que se reforman, adicionan y derogan diversos

# El proyecto de reforma constitucional de Lucas Alamán 1830-1835

Cuando Alamán escribió su texto, la viabilidad de la Constitución de 1824 era motivo de un acérrimo debate. Al igual que sucede hoy, había un consenso entre los políticos de que la arquitectura constitucional en vigor no respondía a las exigencias del momento; no obstante, existían divisiones en torno a cuáles eran las reformas que se necesitaban para mejorarla. La queja principal contra la Constitución en aquel entonces fue que su diseño institucional no propiciaba la gobernabilidad, de hecho había sido incapaz de cumplir con su principal función: establecer las bases de un Estado sólido que permitiría a los gobiernos en turno promover la prosperidad de la República en un ambiente de estabilidad.

Tal como demuestra un resumen breve de lo sucedido hasta 1830, estas ideas no carecían de fundamento. Desde 1824 la clase política mexicana se había dividido en dos facciones, organizadas en torno a los ritos masónicos; por un lado, quedaron los del rito escocés y, por el otro, los del yorkino. La rivalidad entre los grupos entorpeció el trabajo del primer gobierno de Guadalupe Victoria y, en 1827, produjo la primera amenaza al orden constitucional. En este año el líder escocés y vicepresidente, Nicolás Bravo, encabezó sin éxito una rebelión en contra del gobierno de Guadalupe Victoria, en cuyo

artículos de la Constitución Política de los Estados Unidos Mexicanos," <http://www.reforma-politica.gob.mx/pdf/Iniciativa-RefPol-PRI.pdf>; del Partido de la Revolución Democrática, el Partido de Trabajo y Convergencia, "Iniciativa con proyecto de decreto por el que se reforman, adicionan y derogan diversas disposiciones de la Constitución Política de los Estados Unidos Mexicanos, que presentan legisladores y legisladoras de los grupos parlamentarios del Partido de la Revolución Democrática, del Partido del Trabajo y de Convergencia de ambas cámaras del Congreso de la Unión," <http://www.reformapolitica.gob.mx/pdf/Iniciativa_RefPol_PRD-PT-PC.pdf>; y, del Partido Verde Ecologista de México, "Iniciativa con proyecto de decreto por el que se reforman y adicionan diversos artículos de la Constitución Política de los Estados Unidos Mexicanos, de la ley orgánica del Congreso General de los Estados Unidos Mexicanos, de la Ley Federal de Presupuesto y Responsabilidad Hacendaria, de La Ley de Fiscalización Superior de la Federación y de la Ley Federal de Responsabilidades Administrativas de los Servidores Públicos," <http://www.reformapolitica.gob.mx/pdf/Iniviativa_PVEM.pdf>. También está disponible en línea el texto resultante del convenio de consultoría celebrado entre el Instituto Belisario Domínguez del Senado de la República y el Instituto de Investigaciones Jurídicas de la UNAM, *La reforma del Estado. Propuesta del IIJ-UNAM para la actualización de las relaciones entre los poderes del sistema presidencial de México*, México, UNAM-IJJ/Senado de la República, 2009, <http://www.juridicas.unam.mx/invest/RefEdo.pdf>. Consultados el 11 de marzo de 2010.

gabinete predominaban los yorkinos. Un año más tarde, la Constitución enfrentó un peligro mucho mayor. En la elección de 1828 contendieron por la Presidencia el candidato yorkino Vicente Guerrero y Manuel Gómez Pedraza apoyado por los *imparciales*, grupo constituido por escoceses, ex yorkinos y otros oponentes al primero. Como los resultados favorecieron a Gómez Pedraza, los yorkinos se negaron a reconocer su triunfo y organizaron una rebelión para imponer a su candidato. Esta revuelta culminó en diciembre de 1828 con el motín y saqueo del Parián, el mercado más importante de la Ciudad de México, ubicado frente a Palacio Nacional. En consecuencia, Gómez Pedraza renunció a su aspiración presidencial y el Congreso Nacional declaró presidente electo a Guerrero en enero del año siguiente. Algunos meses más tarde, en diciembre de 1829, el vicepresidente de Guerrero, general Anastasio Bustamante, lanzó un pronunciamiento desde Jalapa, en el estado de Veracruz, en contra del ahora presidente. El objetivo declarado de la rebelión era restaurar el orden constitucional –"Constitución y Leyes", según el lema del Plan de Jalapa– que consideraban ultrajado por los acontecimientos que habían llevado a Guerrero a la Presidencia. Bustamante se estableció como jefe en funciones del Poder Ejecutivo en enero de 1830 mientras que Guerrero se retiró a su pueblo natal de Tixtla para reorganizar a sus seguidores y planear su retorno al poder.

Alamán sirvió en el gobierno de Bustamante como titular del Ministerio de Relaciones, ocupando una posición más o menos equivalente al secretario de Gobernación actual. En esta calidad, fue director *de facto* de casi todos los proyectos de aquella administración, incluyendo sus propuestas para cumplir con el objetivo declarado de Plan de Jalapa de restaurar el imperio de la Constitución y Leyes en la República a través de una serie de políticas distintas. Su pretensión de reformar la Constitución se destacaba como una de las estrategias principales para lograr este fin.

No obstante, la persecución del cambio político desde el Poder Ejecutivo fue difícil, pues la Constitución explícitamente prohibía la participación del Poder Ejecutivo en el proceso para reformar sus estatutos. En el artículo 166 se confiaba a las legislaturas de los estados la responsabilidad de hacer las primeras sugerencias de reforma; luego, en el siguiente artículo, se estipulaba que el papel del Congreso General era considerar las propuestas de reforma y decidir si deberían o no ser aceptadas para su posterior discusión en las cámaras. En el caso afirmativo se presentarían las sugerencias al Poder Ejecutivo para su publicación. El artículo 167 también indicaba que, a diferencia de una iniciativa de ley, el presidente no podría comentar estos documentos ni devolverlos a las cámaras. La discusión de las propuestas de las legislaturas estatales se llevaría a cabo en el próximo Congreso General para evitar de esta manera que el mismo cuerpo calificara las observaciones de las legislaturas estatales y decretara las reformas. Para cualquier cambio constitucional posterior, el artículo 169 indicaba que las observaciones de las legislaturas se calificarían en el primer bienio del Congreso y las reformas se decidirían en el siguiente. Finalmente, el artículo 171 prohibía la reforma de ciertos artículos, a saber: los que "establecen la libertad e independencia de la nación mexicana, su religión, forma de gobierno, libertad de imprenta y división de los poderes supremos de la Federación y de los estados".[3]

En vista de estas restricciones, el gobierno de Bustamante no podía enviar propuestas de reformas constitucionales a las cámaras ni interferir en el proceso reformador; por lo que tenía que difundir su opinión acerca del tema a través de otros medios como la prensa. Por consiguiente, durante 1830 la cuestión de la necesidad de enmendar las leyes constitucionales de 1824 fue recurrente en los editoriales de la publicación oficial del régimen: el *Registro Oficial*, y en los periódicos que apoyaban al gobierno en la ciudad de México: *El Sol* y *El Observador de la República Mexicana*. Asimismo, cuando las legislaturas de México, Nuevo León, Puebla, Querétaro, Michoacán y San Luis Potosí enviaron propuestas de reforma al Congreso General, *El Sol* y el *Registro Oficial* no sólo las publicaron, sino que dedicaron largos espacios a discutirlas, a recomendarlas o desecharlas. Esta situación también explica porque el tratado de Alamán en torno de la reforma fue publicado en el espacio editorial del *Registro Oficial* (del 16 de septiembre y al 14 de octubre), pero nunca fue presentado a las cáma-

---

<sup>3</sup> "Constitución federal de los Estados Unidos Mexicanos sancionada por el Congreso General Constituyente (1824)", en Gloria Villegas Moreno y Miguel Ángel Porrúa Venero (coords.), *Leyes y documentos constitutivos de la nación mexicana. De la crisis del modelo borbónico al establecimiento de la República federal*, México, Instituto de Investigaciones Legislativas/Cámara de Diputados, LXI Legislatura, 1998, tomo 1 (Enciclopedia Parlamentaria de México), p. 354.

ras de la Unión; aunque indudablemente representaba la propuesta oficial del Poder Ejecutivo.

¿Cuáles fueron las modificaciones que sugirió Alamán a la Constitución de 1824? Éstas incluían tres temas centrales: el fortalecimiento del Poder Ejecutivo en tiempos de insurrección; cambios en la elección y organización interna del Poder Legislativo, y ajustes en el equilibrio de los poderes, sobre todo entre el Congreso y la Presidencia. Como paréntesis, es de notar que en ningún momento contemplaba la reforma del sistema federal, a pesar de lo que afirma la mayor parte de historiografía en torno a su actuación política durante la administración de Bustamante.[4] De hecho, su posición era bastante pragmática, pues tampoco significaba que fuera un partidario ferviente del federalismo. Como explicó en un editorial del *Registro Oficial* de aquel año:

> Basta el sentido común para convencerse que intentar un cambio de sistema político era abrir el abismo de la guerra civil más encarnizada. El federalismo, que acaso fue adoptado sin la preparación, sin el conocimiento, y sin el examen necesario de nuestras condiciones peculiares, ha creado raíces y producido intereses locales e individuales, y estas raíces no pueden arrancarse sin sacudimiento y sin trastornar la tierra en que se van extendiendo. Todo cambio es peligroso aun cuando esté preparado por la opinión o esté impulsado por causas muy activas de aquellas que obran con fuerza y perentoriamente.[5]

Para Alamán, entonces, se trataba de modificar el texto constitucional vigente y no redactar un nuevo código.

En general, sus reformas buscaban dotar a la Constitución de elementos que aseguraran la estabilidad de la convulsa vida política de la década de 1830. En cuanto al Poder Ejecutivo, Alamán pretendía que se estableciera un presidente con suficientes atribuciones para enfrentar a los retos de gobierno, sobre todo en momentos de rebelión. En su opinión, la debilidad de la Presidencia empezaba con el largo periodo de seis meses que separaba la elección de un presiden-

---

[4] Véase, por ejemplo,, Jesús Reyes Heroles, *El liberalismo mexicano*, vol. 2, México, UNAM, 1958, p. 156; Michael Costeloe, *La primera República federal de México (1824-1835). Un estudio de los partidos políticos en el México independiente*, 2ª ed., trad. de Manuel Fernández Gasalla, México, Fondo de Cultura Económica, 1996, pp. 279-281; y Timothy E. Anna, *Forging Mexico*, Lincoln y Londres, University of Nebraska Press, 1998, pp. 230-231.

[5] *Registro Oficial del Gobierno de los Estados Unidos Mexicanos*, vol. 3, núm. 2, 16 de septiembre de 1830, p. 7.

te en agosto, la calificación del resultado por el Congreso General en enero y su inauguración en abril; tal y como se evidenció en 1828, cuando los seguidores de Vicente Guerrero aprovecharon de este tiempo para organizar una rebelión contra el candidato ganador, Manuel Gómez Pedraza. Alamán propuso que el Congreso General escrutara los resultados de la elección lo más rápido posible después de que fueran entregados y que el resultado final se diera a conocer de inmediato. Acto seguido, el candidato electo debía asumir el cargo. De esta manera, Alamán creía que el nuevo presidente evitaría depender del presidente saliente –quien bien podría ser partidario de otro candidato o, simplemente, ambivalente hacia su persona– durante un periodo extendido de transición,[6] y se evitarían situaciones como la de 1828.

Una de las medidas que varias legislaturas estatales propusieron en 1830 para estabilizar la Presidencia fue la transformación del Poder Ejecutivo en un triunvirato. Los proponentes de esta idea argumentaron que la división del poder entre tres personas pondría fin a las luchas partidarias por el control de la Presidencia, pues permitiría que los diferentes grupos tuvieran representación en el consejo ejecutivo.[7] Alamán rechazó esta idea rotundamente. Argumentó que los partidos no dejarían de pelear entre sí simplemente porque el Poder Ejecutivo estuviera en manos de un triunvirato, por el contrario, los grupos tendrían que acordar con tres personas multiplicando las disputas. Además, señalaba que si la Presidencia se ejercía por un comité, sería demasiado fácil "introducir la discordia en [su] seno" e impediría su labor; de ahí que, para él, la "esencia y principal fundamento" del Poder Ejecutivo debía ser "la unidad de acción".[8] Se sobreentiende aquí que Alamán favorecía crear una Presidencia unipersonal, aunque no lo decía explícitamente.[9]

---

[6] L. Alamán, *Reflexiones, sobre algunas reformas...*, pp. 29-30 y 42.

[7] Véase, por ejemplo, "Observaciones de la legislatura de Michoacán sobre reformas de la Constitución general, que se sujetan a la deliberación del Congreso" (1830), en Manuel Dublán y José María Lozano, *Legislación mexicana o colección completa de las disposiciones expedidas desde la Independencia de la República*, vol. 2, México, Imprenta del Comercio, a cargo de Dublán y Lozano, hijos, calle de Cordobanes, número 8, 1876, pp. 303-307.

[8] L. Alamán, *Reflexiones sobre algunas reformas...*, p. 26.

[9] *Ibid.*, pp. 23-30.

Según Alamán, una de las principales razones de la debilidad del presidente en tiempos de rebelión se derivaba de su incapacidad constitucional para relevar a los funcionarios del Estado sospechosos de colaborar con los insurrectos. De acuerdo con los términos de la Constitución de 1824, el Poder Ejecutivo podría cubrir las vacantes de las Oficinas Generales de Hacienda, enviados diplomáticos, oficiales del ejército y marina,[10] no obstante, para separarlos de sus cargos, solamente tenía la opción de suspenderlos en su empleo por tres meses.[11] Para fortalecer la mano del presidente, Alamán sugirió que se debía añadir al artículo 110 en que se establecía las atribuciones del Poder Ejecutivo, la siguiente facultad: "En los tiempos de insurrección, conspiraciones y desobediencia á mano armada á las leyes y órdenes emanadas de los poderes generales, separar y remover á los empleados que no sean de su confianza; y en todo tiempo trasladar á unos destinos equivalentes en rango y goces empleados que los obtienen".[12] Además, queda claro en su argumento que Alamán favorecía la idea de que la Constitución incluyera la posibilidad de suspender su vigencia en tiempos de emergencia, otorgando en este momento facultades extraordinarias al presidente para enfrentar la amenaza. Sin embargo, no incluyó una propuesta de reforma de esta naturaleza en su proyecto.[13]

Los cambios que sugirió Alamán para el Poder Legislativo tenían tres objetivos: 1) ampliar la duración de cada legislatura; 2) garantizar

---

[10] Según el artículo 110, las atribuciones del Poder Ejecutivo fueron los siguientes: "6. Nombrar los jefes de las Oficinas Generales de Hacienda, los de las comisarías generales, los enviados diplomáticos y cónsules, los coroneles y demás oficiales superiores del ejército permanente, milicia activa y armada, con aprobación del Senado, y en sus recesos del Consejo de Gobierno; 7. Nombrar los demás empleados del ejército permanente, armada y milicia activa y de las oficinas de la Federación, arreglándose a lo que dispongan las leyes", en "Constitución federal", en *op. cit.*, p. 346.

[11] Artículo 110, inciso 20. "Suspender de sus empleos hasta por tres meses, y privar aun de la mitad de sus sueldos por el mismo tiempo, a los empleados de la Federación infractores de sus órdenes y decretos; y en los casos que crea deberse formar causa a tales empleados, pasará los antecedentes de la materia al tribunal respectivo", en *ibid*.

[12] L. Alamán, *Reflexiones sobre algunas reformas...*, pp. 43-44.

[13] Alamán fue más explícito sobre su apoyo por tal solución en otro texto, el "Examen imparcial de la administración del general vicepresidente D. Anastasio Bustamante. Con observaciones generales sobre el estado presente de la República y consecuencias que éste debe producir," que se publicó por primera vez en 1834. Hay una edición nueva del texto con introducción de José Antonio Aguilar Rivera, *Examen imparcial de la administración de Bustamante*, México, Conaculta, 2008 (Cien de México). Para la discusión de Alamán acerca del Poder Ejecutivo, véase, pp. 201-211.

que los representantes estuvieran suficientemente capacitados para cumplir con sus labores, y 3) introducir nuevos elementos de equilibrio para mejorar el funcionamiento de las dos cámaras legislativas. Estas propuestas partían de la percepción de que la organización del Congreso General era responsable de la anarquía política que había azotado México desde 1824.

En cuanto al primer objetivo, Alamán opinaba que el Congreso General no podía cumplir con sus tareas adecuadamente durante el corto periodo de dos años que la Constitución imponía para cada legislatura. No le faltaba razón, como se puede constatar en las actas correspondientes. Los congresos de la década de 1820 rara vez podían cumplir con todo el trabajo legislativo, quedándose rezagados muchos expedientes.[14] De hecho, al igual que en nuestros días, parece que un buen número de iniciativas presentadas al pleno y remitidas a comisión, a menudo quedaban sin resolverse durante el bienio de sesiones. Para darles a los congresistas más tiempo para trabajar hizo tres recomendaciones puntuales. En primer lugar, sugirió que la Cámara de Diputados se renovara por mitad cada dos años y, en segundo, que el Senado se renovara por un tercio cada seis, garantizando así una instancia legislativa semipermanente. Los diputados servirían entonces por periodos de cuatro años y los senadores por uno de doce. Su tercera sugerencia era ampliar un mes el periodo de legislativo anual (la Constitución vigente establecía que iniciara el 1 de enero y culminara el 15 de abril), en el cual se tratarían los asuntos relativos a los territorios de la federación, que no tenían gobierno autónomo sino que estaban bajo el control del Poder Legislativo.[15]

No obstante, tal y como indicó en otra parte, estaba consciente de que la ampliación del tiempo de trabajo de los congresistas no solucionaría el problema en su totalidad, pues parte de la culpa por la morosidad legislativa la tenían los mismos representantes. En un texto publicado en 1835, Alamán hacía hincapié en que las sesiones del Congreso nunca empezaban a las diez de la mañana, como indicaba

---

[14] Para ver el ritmo de trabajo del Congreso de 1831-1832, véase los resúmenes de las iniciativas tratadas en comisiones entre septiembre de 1831 y mayo de 1832 que fueron publicados en el *Registro Oficial del Gobierno de los Estados Unidos Mexicanos*, vol. 6, núms. 5, 38, 69 y 97, 5 de septiembre, 8 de octubre, 8 de noviembre y 6 de diciembre de 1831; vol. 7, núms. 64 y 99, 4 de marzo y 8 de abril de 1832; y vol. 8, núms. 16 y 49, 16 de mayo y 18 de junio de 1832.

[15] L. Alamán, *Reflexiones sobre algunas reformas...*, pp. 40-42.

el reglamento, sino a las once y media o más tarde, aunque siempre terminaban a las dos de acuerdo con el mismo. Además, se quejaba de que la mayoría de los representantes no asistía a los debates, porque prefería pasar su tiempo fumando y platicando en los salones adjuntos a la Cámara a la cual ingresaban sólo a la hora de votar. Con semejantes conductas, consideraba que no era sorprendente que los congresos no avanzaron rápidamente con su trabajo.[16]

Al analizar el segundo objetivo de Alamán, debemos considerar su opinión de que la presencia de representantes poco instruidos provenientes de las clases populares en los congresos generales anteriores explicaba tanto el faccionalismo que se había apoderado de los congresistas como la incapacidad de este cuerpo para expedir leyes conducentes a la paz y la prosperidad de la República. Al igual que muchos de sus contemporáneos, Alamán opinaba que la clase popular no era apta para participar en las labores gubernamentales. Como comentó en otro ensayo contemporáneo a su proyecto de reforma, el hecho de que los congresistas populares no dispusieran de muchos recursos significaba que

> ...aspira[aba]n a todo, y siempre est[aba]n dispuestos a nuevas inquietudes porque mira[ba]n la autoridad de que por cualquier medio pretend[ía]n apoderarse no sólo como su único modo de vivir, sino como un arbitrio de enriquecer a costa de la nación, mediante las continuas rapiñas y despilfarros que se ha[bía]n visto siempre que el gobierno ha[bía] caído en sus manos.[17]

En sus *Reflexiones sobre algunas reformas a la Constitución federal* Alamán compara la situación en México y Estados Unidos para demostrar su hipótesis:

> [L]os norteamericanos *deben el mantenimiento de sus instituciones, su orden interior y su prosperidad*, á que los negocios públicos [*sic*] no han salido *de manos propietarias*: en Norte América el trabajo es la primera de las virtudes sociales, y su recompensa no sólo son los goces sino la opción, el llamamiento á los primeros puestos de la república: la sociedad americana es compuesta casi

---

[16] L. Alamán, "Examen imparcial de la administración...", en *op. cit.*, p. 274.

[17] L. Alamán, "Defensa del ex ministro de Relaciones D. Lucas Alamán, en la causa formada contra él y contra los ex ministros de Guerra y Justicia del vicepresidente D. Anastasio Bustamante, con unas noticias preliminares que dan idea del origen de esta. Escrita por el mismo ex ministro quien la dirige a la nación", en *Obras completas de Lucas Alamán: Documentos diversos (inéditos y muy raros)*, México, Jus, 1945, vol. 3, p. 45.

generalmente de propietarios, y lo era casi desde su fundación, y por eso ha podido conservarse y engrandecerse: si las fortunas de los propietarios hubiesen estado allí á merced de leyes formadas por los que nada poseían, es fácil persuadirse que el país no tendría ni moralidad, ni instituciones libres, ni riqueza.[18]

De ahí que Alamán quería reformar los requisitos que imponía la Constitución para los electos al Congreso General para que

...los que han de imponer las contribuciones, sean los contribuyentes; que los que han de dar las leyes, que son la salvaguardia de la propiedad, sean propietarios; que los que han de regular el peso de los impuestos, sean los que han llevado este peso, y medido sus fuerzas para calcular la de los otros.[19]

Como he demostrado en otros trabajos, Alamán no se declaraba a favor de que el gobierno se quedara exclusivamente en manos de la clase aristocrática como muchas veces se ha dicho.[20] Para Alamán, propietario era también aquel hombre tan aplaudido por los liberales decimonónicos: el profesionista, un hombre trabajador cuya posición social y económica se derivaba de sus propias labores. Como explicó Alamán en su proyecto de reforma:

[N]o entendemos por propietarios á los poseedores de grandes capitales, ó á los que vulgarmente se llamaban *ricos* y *señores*; nada de eso: hay diversas clases de propietarios: la propiedad raíz y la propiedad industrial, que es tan estensa como son las profesiones que contribuyen á la riqueza común y á las necesidades físicas, á las intelectuales, y á las de medianeros entre Dios y los hombres para las ofrendas del culto público.[21]

De acuerdo con estas ideas, Alamán propuso añadir el siguiente requisito al artículo 20 de la Constitución: "para ser electos dipu-

---

[18] L. Alamán, *Reflexiones sobre algunas reformas...*, p. 17.

[19] *Idem*.

[20] Véase, Catherine Andrews, "'Constitución y leyes'. El lenguaje liberal y el Plan de Jalapa", en Cristina Gómez y Miguel Soto (coords.), *Transición y cultura política. De la Colonia al México Independiente*, Facultad de Filosofía y Letras-Dirección General de Asuntos del Personal Académico-UNAM, 2005, pp. 143-170; "Discusiones en torno a la reforma de la Constitución federal de 1824 durante el primer gobierno de Anastasio Bustamante (1830-1832)", en *Historia Mexicana*, vol. 56, núm. 3, 2006, pp. 71-116; e "In the Pursuit of Balance. Lucas Alamán's Proposals for Constitutional Reform (1830-1835)", en *Historia Constitucional–Revista Electrónica*, núm. 8, 2007 [en línea] <http://hc.rediris.es/08/articulos/html/Numero08.html>.

[21] L. Alamán, *Reflexiones sobre algunas reformas*, p. 17.

tados [los nacidos en el territorio de la república], deber[ía]n tener bienes y raíces, 6 000 pesos, ó una industria que les produzca mil anuales". Además, sugirió que las condiciones que se exigían a los extranjeros que aspiraban a ser electos a la Cámara de Diputados debían incrementarse. En el texto original, la Constitución estipulaba que los no nacidos en la República debían tener ocho años de residencia, así como una propiedad con un valor de ocho mil pesos o un ingreso anual de, al menos, mil pesos. Alamán recomendó que el ingreso anual se fijara en el mínimo de dos mil pesos anuales.[22] En cuanto a la Cámara de Senadores, Alamán propuso que, además de exigir los mismos requisitos a los aspirantes que a los diputados, la Constitución debía estipular que los senadores provinieran de la clase profesional; a saber, eclesiásticos, oficiales militares o literatos; o que tuvieran alguna experiencia previa de gobierno en las instituciones nacionales o estatales.[23] Como veremos a continuación, esta propuesta estaba estrechamente vinculada con las ideas que recomendaba para reformar la estructura del Congreso General y cambiar el balance de poder entre las dos cámaras de esta institución.

Alamán creía que el Congreso General era una institución bicameral solamente de nombre, y en la realidad, no había "dos cámaras sino una sola dividida en dos secciones". Por esta razón, opinaba que era incapaz de cumplir "los objetos de la institución de dos cámaras" que habían propuesto los primeros constituyentes; es decir, "balancear el poder" entre las dos salas de manera adecuada.[24] Según él, esta situación se debía, en parte, a que ambas compartían el mismo origen electoral: el popular. Los diputados eran electos por los ciudadanos mediante elecciones indirectas de tres grados, y los senadores lo eran por las legislaturas estatales cuyos integrantes provenían de elecciones indirectas. Además, hacía notar que las dos cámaras tenían facultades muy similares: por ejemplo, todas las iniciativas de ley, salvo las fiscales, se podían presentar en cualquier foro, y todos los tratados internacionales necesitaban ser votados tanto en la Cámara de Diputados como en el Senado. Ninguna cámara tenía el veto absoluto sobre las iniciativas a que se oponía, pues aunque podía rechazar un proyecto proveniente de la otra cámara, una mayoría de

---

[22] *Ibid.*, p. 39.
[23] *Ibid.*, p. 40.
[24] *Ibid.*, p. 10.

dos tercios de los representantes de la cámara de origen a favor de la iniciativa garantizaba que la ley quedara aprobada.[25]

Para remediar los problemas que identificaba en la división de competencias entre la Cámara de Diputados y el Senado, Alamán proponía limitar las facultades legislativas de la cámara alta para transformarla en un cuerpo principalmente revisor del trabajo de la cámara baja y supervisor de la labor del Poder Ejecutivo. Sugirió, por ende, que careciera de la facultad de presentar iniciativas de ley y se limitara a dar curso a las que enviara el Poder Ejecutivo y las legislaturas estatales. Al mismo tiempo, propuso conferir al Senado la facultad exclusiva de aprobar tratados internacionales, quitando este poder de los diputados.[26]

Para variar el origen electoral de las dos cámaras del Congreso General, Alamán quería alterar radicalmente la manera en que eran electos los senadores. Específicamente, buscaba quitar la facultad de las legislaturas estatales de escoger a los dos senadores que la Constitución asignaba a cada estado de la federación. Para este fin, recomendó que las legislaturas solamente eligieran al primer Senado electo de acuerdo con las reformas. En las elecciones subsiguientes, la competencia de los congresos locales debía reducirse a proponer una terna al Senado en funciones; los senadores entonces designarían a los hombres que debían incorporarse a este cuerpo. De esta manera, pretendía dotar a la Cámara de Senadores de la suficiente autonomía para que pudiera cumplir mejor con su tarea de revisar y vigilar las labores de la cámara baja y el Poder Ejecutivo. Con el mismo fin, también propuso que el Senado sesionara permanentemente todo el año; es decir, que se suprimiera el receso entre abril y diciembre como indicaba la Constitución.[27]

---

[25] *Ibid.*, pp. 9-13. No es del todo cierto, pues la segunda cámara en teoría podría volver a rechazar la iniciativa con otra mayoría de dos tercios. Véase el artículo 58: "Los proyectos de ley o decreto desechados por primera vez en su totalidad por la cámara revisora, volverán con las observaciones de ésta a la de su origen. Si examinados en ella fueren aprobados por el voto de los dos tercios de sus individuos presentes, pasarán por segunda vez a la cámara que los desechó, y no se entenderá que ésta los reprueba, si no concurre para ello el voto de los dos tercios de sus miembros presentes." No obstante, la Constitución no estipula el procedimiento a seguir con una iniciativa rechazada por segunda vez por la cámara revisora.

[26] L. Alamán, *Reflexiones sobre algunas reformas*, p. 41-42.

[27] *Ibid.*, p. 40.

Como he demostrado en otro trabajo,[28] las propuestas de Alamán para reformar el Poder Legislativo evidencian una clara influencia de las ideas constitucionales asociadas con el sistema británico, publicitadas en Europa y América por el barón de Montesquieu, William Blackstone y Jean Louis de Lolme. En términos generales, éstas suponían que el poder gubernativo debía compartirse entre los tres estados de la mancomunidad: Rey, Lores y Comunes, divididos institucionalmente entre el monarca y las dos cámaras de Parlamento. De esta manera, se mezclaban las formas clásicas de gobierno: monarquía, aristocracia y democracia. La presencia de los tres estados se presumía, según la muy citada descripción de Montesquieu, que la interacción entre "los puntos de vista e intereses distintos" de cada uno impediría que las necesidades de uno de ellos pudiera dominar el trabajo gubernativo.[29] Montesquieu, además, introdujo el concepto de la separación completa entre Parlamento y rey, Poder Legislativo y Ejecutivo, como dos instituciones distintas de gobierno; asimismo propuso la existencia de un tercer poder: el Judicial. Según el francés, este poder debía ser igualmente distinto de los otros, y compuesto de jueces que no dependieran ni del Ejecutivo ni del Legislativo.

Fue Blackstone quien dio nombre a este sistema de gobierno.[30] El jurista inglés señaló que la feliz combinación de un gobierno mixto con la separación de poderes creaba una Constitución "equilibrada". En sus *Commentaries* hace hincapié en que la principal virtud del gobierno inglés es "que todas las partes se controlan mutuamente" mediante una serie de "equilibrios"; básicamente el poder real del veto sobre la legislación y el derecho del Parlamento para impugnar a

---

[28] C. Andrews, "In the Pursuit of Balance", en *op. cit.* Para una discusión de la influencia del pensamiento británico en la ideas políticas mexicanas, véase C. Andrews, "La influencia del constitucionalismo británico en los primeros debates constitucionales en México (1821-1836)", ponencia presentada en el Encuentro Internacional Conmemorativo del Bicentenario de la Independencia Hispanoamericana y el Centenario de la Revolución Mexicana, que se realizó en la Universidad Autónoma del Estado de Morelos y la Universidad Nacional Autónoma de México, del 10 a 12 de febrero de 2009.

[29] Charles Louis Secondat de Montesquieu, *Del espíritu de las leyes*, México, Porrúa, 1990, pp.104-110.

[30] William Blackstone, *Commentaries on the Laws of England*, Londres, A. Strahan para T. Cadell y J. Butterworth e hijo, 1824. Libro 1, cap. 2, pp. 146-147. Disponible en línea <http://books.google.com.mx> (consulta: 22 de octubre de 2009).

los ministros del rey.[31] Al mismo tiempo, siguiendo a Montesquieu, describe la existencia de un judiciario independiente de los otros poderes como el baluarte final que protege "la libertad pública" contra los intentos tiránicos del poder supremo.[32] Este poder derivaba de su independencia, según Blackstone, por el hecho de que los jueces eran vitalicios, a pesar de que el Poder Ejecutivo los nombraba en una primera instancia.

Tal parece que Alamán quería establecer una versión republicana de la monarquía constitucional británica, en la cual la Cámara de Diputados, el Senado y el presidente ocupaban los papeles que la Cámara de Comunes, la de los Lores y el Rey tenían en aquel sistema. De modo que habría un Poder Ejecutivo fuerte; un Senado autónomo, que se renueva sin la interferencia del Poder Ejecutivo, ni el voto popular y que está compuesto de dignatarios eclesiásticos, militares, literatos y políticos experimentados; y una Cámara de Diputados encargada de la labor legislativa y electa popularmente. La división de facultades y competencias entre las tres instituciones debía asegurar la gobernabilidad y garantizar el cumplimiento de la Constitución; amén de que el gobierno mexicano adquiriría el suficiente equilibrio para no volver a caer víctima de las intrigas políticas de sus integrantes.

Esta preferencia de Alamán por el gobierno equilibrado británico se evidencia de manera más clara en sus propuestas de reforma para el sistema de impugnación a los integrantes de los diferentes poderes. Según la Constitución de 1824, la facultad de erigirse en gran jurado para oír acusaciones contra miembros del Poder Ejecutivo y Judicial residía en ambas cámaras; a los diputados se les encargaba juzgar a los senadores y viceversa. De esta manera, esta potestad era propiedad exclusiva del Poder Legislativo. En cambio, Alamán sugería dividirla entre las diferentes instituciones: al Senado le tocaría oír acusaciones en contra del Poder Ejecutivo; al supremo Poder Judicial la facultad de juzgar los casos de los diputados; y a la Cámara de Diputados el mismo poder en cuanto a los jueces de la Suprema Corte.[33]

---

[31] W. Blackstone, *Commentaries on the Laws of England*, libro 1, pp. 154-155; y 243.

[32] *Ibid.*, p. 268.

[33] L. Alamán, *Reflexiones sobre algunas reformas...*, pp. 40-42.

# Alamán y las propuestas de reforma constitucional de 2010

¿Qué puede nuestro estudio de las ideas de Alamán decirnos acerca de las propuestas de reforma constitucional que hoy circulan? En primer lugar, queda muy claro por sus comentarios que el Alamán de 1830 no favorecería la opción más radical expuesta por algunos políticos y líderes de opinión actuales: la derogación de la Constitución de 1917 y su reemplazo por una más moderna. Como vimos, en 1830 Alamán opinaba que el trastorno político implícito en desmantelar un sistema a favor de otro solamente podría llevar al caos; por lo que insistía siempre que el trabajo del gobierno no debía ser "alterar la Constitución", sino "consolidarla" a través de reformas precisas.[34]

Estoy convencida de que Alamán pensaría exactamente lo mismo hoy día, puesto que la historia le dio claramente la razón a partir de 1835. En aquel año el Congreso General unilateralmente decretó la abolición de la Constitución de 1824 y se declaró constituyente. Un año más tarde promulgó una nueva carta magna, las Siete Leyes, llamada así por su organización en seis partes, cada una con la denominación de "ley". Muchos sectores de la clase política capitalina y provincial estaban inconformes con el cambio, y desde el momento de su promulgación comenzaron a conspirar en su contra. Durante la efímera vida de las Siete Leyes (1836-1841) no hubo un año en que no hubiera al menos una rebelión a favor del restablecimiento de la Constitución federal de 1824. Asimismo, a partir de este momento, el tema de la forma de gobierno fue una constante en todos los pronunciamientos y revueltas durante los siguientes cuarenta años. Durante este periodo, la nación experimentó el cambio constitucional varias veces con la creación de un tercer código, las Bases Orgánicas en 1843; la reintroducción de la carta federal en 1847; la nueva derogación en 1853 con el establecimiento de la dictadura de Santa Anna, y la promulgación de la Constitución de 1857 que dio inició a la Guerra de Reforma seguida de la Intervención francesa. No sería hasta la victoria de los republicanos sobre el imperio de Maximiliano y la restitución de la Constitución de 1857 con la República restaurada que la cuestión constitucional dejaría de ser motivo de confrontación. Al parecer, derogar una constitución abre la puerta

---

[34] *Registro Oficial del Gobierno de los Estados Unidos Mexicanos*, vol. 6, núm. 48, 18 de octubre de 1831, p. 191.

a que se ponga en cuestión todas las partes fundamentales de ella, y sin el andamio básico de una constitución vigente para establecer un primer consenso, esta discusión puede rápidamente llevar a la confrontación entre opiniones opuestas e irreconciliables.

En segundo lugar, me parece que las observaciones que Alamán hizo acerca de la división de poderes establecida por la Constitución federal de 1824 son relevantes para la discusión de hoy, especialmente para el tema de la reforma que apunta a reducir la autonomía de la Presidencia para nombrar a su gabinete y funcionarios. Desde luego, me refiero a los proyectos del PRI y del PRD para quitar al Poder Ejecutivo la facultad de nombrar al titular de la Procuraduría General de la República e investir el Senado con este poder; y sus propuestas para otorgar a los legisladores la prerrogativa de ratificar los nombramientos del gabinete que hace el presidente y –en el caso del PRI– también los de las direcciones de Pemex, CFE, CNA y Cisen.[35] Tales reformas son congruentes con las reformas anteriores realizadas durante las administraciones de Carlos Salinas de Gortari y Ernesto Zedillo con el fin de minar el fuerte presidencialismo del sistema mexicano, y con las que se dio autonomía al Banco de México (1993) y al Instituto Federal Electoral (1996); así como con la que separó el Tribunal Electoral de la Secretaría de Gobernación para integrarlo al Poder Judicial (1996).[36] No obstante, las nuevas propuestas de reforma –a diferencia de las que las preceden– también proponen redefinir la relación entre Ejecutivo y Legislativo, pues al mismo tiempo que quitan autonomía al presidente, confieren nuevos poderes de revisión a los legisladores de ambas cámaras.

---

[35] El PRI sugiere que el Senado ratifique a todos los integrantes del gabinete (menos los ministros de Marina y Defensa Nacional), así como los directores de Pemex, CFE, CNA y Cisen. El Senado tendrá un periodo de 30 días para ratificar o rechazar los nombramientos una vez que la Presidencia le notifique su candidato; si el Senado no cumple con su tarea en el tiempo estipulado, los ministros quedarán ratificados por default. En el caso de que los senadores rechacen a los candidatos presidenciales en dos ocasiones consecutivas, el Ejecutivo procederá a nombrar un candidato unilateralmente. El PRD, por su parte, recomienda que la Cámara de Diputados ratifique a los candidatos a funcionarios superiores de Hacienda, y a todos los ministerios del gabinete, salvo los casos de los secretarios de Marina y Defensa, cuyos nombramientos serán ratificados por el Senado. Véase, PRI, "Iniciativa con proyecto de decreto", en *op. cit.*, pp. 12-15; y PRD, "Iniciativa con proyecto de decreto", en *op. cit.*, pp. 31-33.

[36] Alberto Escamilla Cadena, "Las transformaciones del presidencialismo en el marco de la reforma del Estado en México", en *Polis. Investigación y Análisis Sociopolítico y Psicosocial*, vol. 5, núm. 2, 2007, pp. 21-54.

De hecho, parecen diseñados expresamente para establecer la tutela efectiva del Congreso sobre la Presidencia en cuanto a su facultad de nombrar funcionarios.

Como hemos constatado en este ensayo, Alamán no estaba a favor de que el Poder Legislativo imperara sobre el Ejecutivo. Su punto de vista derivaba de dos cosas: 1) que no tenía una buena opinión de los legisladores que participaron en los Congresos Generales entre 1824 y 1830; y 2) que creía que el predominio del Poder Legislativo dentro de la maquinaria constitucional era tan peligroso para el buen gobierno y la protección del Estado de derecho, como un presidente con poderes autocráticos. En cuanto al primer punto, consideraba que a los diputados les faltaba tanto educación como disposición: los acusaba de no presentarse a tiempo para el inicio de sesiones, de votar por proyectos de ley sin asistir a los debates correspondientes y de no cumplir con el trabajo legislativo en cada bienio, dejando siempre rezagados muchos proyectos de ley en comisión sin que llegaran a ser votados en el pleno. En lo que concierne al segundo punto, lamentaba la tendencia entre la clase política de las décadas de 1820 y 1830 a considerar que "la libertad consist[a] en que un congreso entienda y disponga de todo", pues desde su punto de vista, ésta era "la idea que los ultra-absolutistas se formaron en otro tiempo" para justificar la monarquía absolutista. Insinuaba que la memoria del absolutismo era lo que llevaba a muchos a "ver y tratar al gobierno como al enemigo natural de las libertades públicas".[37]

Cuando se analizan las discusiones actuales acerca de las reformas a la Constitución, surge la impresión de que los comentarios de Alamán tienen vigencia dada la continuidad de viejos problemas. Por ejemplo, todos los partidos están de acuerdo en la pobre formación de muchos legisladores, la experiencia legislativa en México enseña –en palabras del proyecto del PRD– que "la gran mayoría de las iniciativas presentadas [al Poder Legislativo] por los distintos sujetos legitimados, ni siquiera son conocidas por el Pleno de los representantes del pueblo, mucho menos son discutidas y votadas".[38] Como resultado, todas las fracciones presentan propuestas para hacer más eficiente la labor legislativa. La Presidencia de la República, por su parte, incluye una propuesta dentro del proyecto para facultar al pre-

---

[37] L. Alamán, *Reflexiones sobre algunas reformas...*, pp. 24-25.

[38] PRD, "Iniciativa con proyecto de decreto", en *op. cit.*, p. 33.

sidente para que envíe dos iniciativas de ley prioritarias al principio de cada periodo ordinario de sesiones del Legislativo.[39] Los términos de la reforma obligarían a los legisladores a atender las iniciativas preferentes en el periodo en que sean presentadas. Por su parte, el PRD propone que el Poder Ejecutivo, así como las fracciones parlamentarias, y hasta los ciudadanos particulares tengan esta misma facultad.[40] Por otra parte, y con el fin de frenar el ausentismo por parte de los diputados, el PRI sugiere que "a los diputados y senadores que no concurran a una reunión, sin causa justificada o sin permiso, se les descontará la dieta correspondiente al día en que falten".[41]

Si volvemos a la cuestión de la reformas a las facultades del Poder Ejecutivo, notaremos que la observación de Alamán respecto al legado intelectual del pasado absolutista colonial, también tiene relevancia si sustituimos la idea de la "dictadura perfecta" del PRI por la del absolutismo. Es evidente, al examinar los proyectos de reformas y el debate generado en los medios públicos, que la memoria y experiencias del dominio efectivo del presidente sobre todos los niveles del gobierno federal del pasado reciente, todavía sirven para moldear las opiniones de los partidos políticos y los analistas hoy en día. El proyecto de reformas del PRD es el más claro en este sentido. Su exposición de motivos descalifica las modificaciones anteriores a los poderes presidenciales e insiste en que "el Ejecutivo [todavía] concentra funciones, poderes públicos y políticos y en no pocas ocasiones ejerce prácticas metaconstitucionales, que son permitidos por un marco legal obsoleto y un control institucional casi nulo".[42] Con esta justificación, recomienda tanto la ratificación del gabinete, por parte del Congreso de la Unión, como el traspaso de la potestad para designar al procurador general de la República, del titular del Ejecutivo al Senado.

En respuesta, algunos analistas y académicos se esfuerzan en señalar que no se deben confundir –a decir de José Córdoba– "los vicios reales de un sistema de partido hegemónico" con el régimen presidencialista del sistema mexicano.[43] Advierten que la fuerte

---

<sup>39</sup> Presidencia de la República, "Iniciativa de decreto", en *op. cit.*, pp.20-22.

<sup>40</sup> *Idem*.

<sup>41</sup> PRI, "Iniciativa con proyecto de decreto", en *op. cit.*, p. 25.

<sup>42</sup> PRD, "Iniciativa con proyecto de decreto", en *op. cit.*, p. 31.

<sup>43</sup> Véase, por ejemplo, "Casa de diez puertas. Una discusión sobre la reforma política de México", en *Nexos*, núm. 388, abril de 2010, pp.54-66, especialmente las respuestas a la

centralización de facultades en la persona del presidente durante la hegemonía priista derivaba sobre todo de esta dominación y no del texto constitucional, es decir, que la *dictadura priista* deformaba la Constitución, en lugar de definirla. De modo que si comparamos los atributos del presidente mexicano con sus homólogos de otros países latinoamericanos o de regímenes semipresidenciales como el de Francia, nos podemos dar cuenta de que el mandatario mexicano goza de muchos menos privilegios y poderes reales en relación con el Poder Legislativo. En Argentina, por ejemplo, al igual que en México, el presidente está facultado para nombrar libremente a su gabinete; pero además, tiene también la prerrogativa para prorrogar las sesiones ordinarias del Congreso y a convocar a sesiones extraordinarias unilateralmente "cuando un progreso lo requiera".[44] En México el presidente posee esta facultad con la condición de que la extensión o convocatoria esté aprobada por la Comisión Permanente de las Cámaras. Del mismo modo, como señala la propuesta de reformas del presidente Calderón, en Brasil, Chile, Colombia, Ecuador, Nicaragua y Paraguay ya existe una forma de la iniciativa preferencial del presidente.[45] Finalmente, en Francia, la Presidencia está investida con el poder hasta de otorgarse poderes de emergencia en caso de que "las instituciones de la República, la independencia de la Nación, la integridad del territorio o la ejecución de sus compromisos internacionales están amenazadas de una manera grave e inmediata". Para valerse de este poder ni siquiera tiene que consultar al pleno del Poder Legislativo; según la Constitución, debe consultarse simplemente con el primer ministro, los presidentes de las cámaras de Parlamento así como con el Consejo Constitucional. Asimismo, puede disolver la Asamblea nacional antes de que se cumpla el periodo constitucional de sesiones y convocar a elecciones anticipadas previa consulta, otra vez, con el primer ministro y los presidentes de las cámaras de Parlamento.[46] Huelga decir que el presidente de los

---

pregunta "¿es deseable una Presidencia fuerte y democrática, capaz de tener mayoría absoluta en el Congreso y de tomar decisiones fundamentales?", pp. 58-59.

[44] "Constitución de 1997", art. 99, incisos 7 y 9. Disponible en línea en: <http://www.cervantesvirtual.com/servlet/SirveObras/01371185899054889650035/p0000001.htm>.

[45] Presidencia de la República, "Iniciativa de decreto", en *op. cit.*, pp. 22.

[46] "La constitution de la cinquième république", título 2, arts. 11 y 16. Disponible en línea en <http://www.solon.org/Constitutions/France/French/cons58.html>.

Estados Unidos Mexicanos no está facultado con ninguno de estos derechos.

Para concluir, como ha quedado demostrado a lo largo de este ensayo, las propuestas constitucionales de Alamán en la década de 1830 buscaban introducir un equilibrio en el diseño constitucional que en su opinión favorecía peligrosamente al Poder Legislativo. De modo que creo que su consejo en la discusión actual en torno a la relación entre la Presidencia y el Congreso Unión, sería la de conducirse con cautela. Nos recordaría que la transferencia de competencias de un ramo al otro acrecientan la tutela de un poder sobre los demás, de modo que bien pueden dar lugar a una reubicación del foco de la centralización de poderes y facultades en detrimento del equilibro constitucional y del buen gobierno.

# JOSEFINA ZORAIDA VÁZQUEZ[*]

Lucas Alamán ha sido considerado como el mejor historiador del siglo XIX, pero no es común recordarlo como estadista, tal vez porque su gran visión no contó con la necesaria capacidad política para llevar a feliz término sus importantes proyectos. Vio con claridad los problemas mexicanos, seguramente por la suma de una sólida formación en ciencias y humanidades y la oportunidad no sólo de ver un mundo cambiante, sino también conocer y tratar a pensadores y actores de su tiempo, incluso al Napoleón de los Cien Días, y vivir la experiencia de diputado a las Cortes del trienio liberal. Seguramente todo ello alimentó sus inquietudes y le llevó a concebir variados proyectos para encaminar al país a superar la lastimosa situación en la que advino a la vida independiente. No sabemos si le faltó malicia para manejarse en el reacomodo que imponían los constantes cambios experimentados por la Nueva España desde las reformas borbonas o bien que sus escrúpulos le impidieran actuar más libremente. De todas formas, los que además de leer al historiador nos adentramos en sus memorias, alegatos, discursos y correspondencia, apreciamos al estadista que, a pesar de los fracasos, hizo aportaciones importantes a la vida del país. Las principales las hizo en sus dos gestiones como ministro de Relaciones Exteriores e Interiores,[1] aunque seguramen-

---

* Este texto se presentó originalmente con el título "Lucas Alamán, Estadista (1823-1832)".

[1] Su expediente en el Archivo Histórico de la Secretaría de Relaciones Exteriores (exp. I/131/131) y se reproduce en Lucas Alamán, *Documentos diversos: inéditos y muy raros*, editados por Rafael Spencer, México, Jus, 1945, I, pp. 457-533.

te hizo otras en los múltiples cargos menores que desempeñó a lo largo de su vida.[2] Para mí, una fundamental que me gusta destacar y que se pasa por alto, la hizo en su primera gestión como secretario de Relaciones: la decisión de enviar un ejército a Guadalajara en 1823 para detener el peligro de fragmentación territorial que produjo la abdicación de Iturbide, con lo que contribuyó a preservar la unidad. Por si fuera poco, durante esa misma gestión diseñó los lineamientos generales de las relaciones internacionales mexicanas. Estoy convencida de que no exageraba cuando en su bosquejo biográfico de 1843 afirmó haber servido a su "país con buen celo".

Nacido dentro de una familia de mineros de Guanajuato, Lucas Alamán desde pequeño se familiarizó con esa fuente importante de la riqueza mexicana, aunque no heredó la capacidad empresarial de sus ancestros. La posición de su familia le permitió al joven Lucas tener una educación esmerada que incluyó conocimientos de ciencias duras y de las nacientes ciencias sociales como la economía, además de humanidades y artes. También se familiarizó con varios idiomas, después del indispensable latín. Criollo ilustrado de su época, gracias a que su familia tuvo roce con personalidades novohispanas destacadas como don Manuel Abad y Queipo y Juan Antonio Riaño, podía haber servido al reino en diferentes capacidades, pero los acontecimientos desviaron su camino junto al de su tierra. Seguramente como criollo, compartía los anhelos autonomistas novohispanos, pero vivir el asalto de la Alhóndiga de Granaditas y el saqueo de su ciudad, marcarían su vida. La experiencia hizo a su familia trasladarse a la Ciudad de México, donde presenció la vigencia restringida de la Constitución de 1812 y las primeras elecciones, y poco después, ya en España, atestiguaría la restauración del absolutismo, lo que debe haber influido para inclinarlo al liberalismo moderado. La oportunidad singular de vivir durante seis años en Europa via-

---

[2] Secretario de la Junta Superior de Sanidad (1820), diputado a Cortes (1821-1823), secretario de Relaciones Exteriores e Interiores (1823-25), secretario de Relaciones Exteriores e Interiores (1830-1832), miembro de una junta para presentar un proyecto de enseñanza pública (1834), diputado en el Congreso Nacional (1835-36), miembro del Consejo de Gobierno (1837-1840), presidente de la Junta de Fomento Industrial (1840-1842), encargado de redactar el reglamento de la Dirección General de Industria Nacional (1842), director de la Junta General de Industria Nacional (1842-44), presidente de la Junta Superior de Hacienda (1846), diputado al Congreso Constituyente (1846), presidente del Ayuntamiento de México (1849), secretario de Relaciones Exteriores e Interiores (1853).

jando y estudiando, le permitió atestiguar los grandes cambios que tenían lugar en todos los órdenes, permitiéndole atisbar con claridad los retos que enfrentaría su tierra natal al convertirse en Estado independiente.

Mas la estancia en Europa también relacionó a Alamán con algunos diputados novohispanos de diversas inclinaciones y con el inquieto padre Servando de Mier, quien le hablaría de sus andanzas en Cádiz y sus heterodoxas ideas. Mier lo pondría en contacto con el obispo Gregoire "en cuya casa –dice don Lucas– vi a muchas personas que hicieron papel en la revolución, así como en la casa del conde Montmorency Nicolai, a muchos personajes de la restauración".[3] En Londres tuvo contacto con José María Blanco White, de manera que se fue impregnando de las ideas que entonces empezaban a conocerse como liberales, mismas que mantuvo hasta que la experiencia traumática de la invasión norteamericana lo llevara al conservadurismo. Este proceso hace más coherente su pensamiento que la explicación obsoleta de describirlo como liberal en economía y conservador en política. Por las notas autobiográficas tardías (1853), sabemos que el barón de Humboldt, el obispo Henri Gregoire y el abate Haug le pusieron en contacto con "todas las personas más notables por su reputación científica y literaria".[4] Sus inquietudes intelectuales no impidieron que anidaran intereses prácticos, por lo que se informó de todo adelanto y progreso tecnológico europeo para aplicarlos en las empresas mineras que quería promover. Así, antes de embarcarse de regreso, compró todo lo indispensable. La noticia de las pérdidas en las empresas familiares le hizo adelantar su regreso.

Era natural que a una persona con los conocimientos, experiencias y conexiones de Alamán se le diera relevancia, y a escasos meses de su llegada, fue nombrado por el jefe político Juan Ruiz de Apodaca secretario de la Junta Superior de Sanidad, instalada en agosto de 1820. Con ese puesto hizo su entrada en el servicio público, que sería breve, pues al realizarse las elecciones a diputados a Cortes fue elegido para representar a su provincia natal. Al llegar a Veracruz para embarcarse, los diputados electos fueron informados de los planes de Agustín de Iturbide y de la proposición para constituirse

---

<sup>3</sup> "Autobiografía de D. Lucas Alamán", en *Documentos diversos: inéditos...*, vol. IV, pp. 11-28.

<sup>4</sup> "Apuntes biográficos de D. Lucas Alamán", en *Documentos diversos: inéditos...*, vol. III, pp. 503-523.

en Asamblea del reino, pero terminaron por partir y en mayo hacían el juramento ante las Cortes. Alamán desplegó gran actividad como diputado, particularmente en temas educativos y mineros, logrando que se aboliera el cobro de derechos y se redujera el impuesto a un 18% sobre las utilidades.[5]

Aunque los diputados eran independentistas convencidos y conocían los progresos que la causa había alcanzado en su patria, deseaban mantener estrechas ligas entre los territorios de la monarquía, por lo que decidieron hacer un último intento. El grupo novohispano encargó a Alamán preparar la propuesta y, después de ajustarla, él mismo la presentó el 21 de junio junto a Mariano Michelena. El texto subrayaba los problemas que la lejanía de la metrópoli causaba a los diputados americanos, y las penalidades y costos de su traslado, además de propiciar también que las autoridades peninsulares violaran la Constitución. Por tanto, proponían como solución convertir a la monarquía en una confederación, estableciendo tres secciones de Cortes en América: una septentrional en México, y dos meridionales en Santa Fe y Lima, que funcionarían al mismo tiempo que las de Madrid. En cada una de las provincias, una delegación, que podría ser de la familia real, ejercería el Ejecutivo "a nombre del rey" y "responderá de su conducta a S.M. y a las Cortes generales". Cada sección contaría con los "cuatro ministerios: gobernación, hacienda, gracia y justicia, guerra y marina". Nueva España y los territorios de su sección legislativa se comprometían a entregar la suma de 200 millones de reales a la península en el espacio de 6 años, y a contribuir a sus gastos, con destino a la marina, con la suma de 40 millones de reales anuales, cantidad que podría aumentar una vez que la situación de la Nueva España lo permitiera, además de asumir toda la deuda pública contraída en su territorio.[6] Desde luego, todos los españoles gozarían de iguales oportunidades, empleos y cargos políticos en las provincias americanas, y recíprocamente los americanos los tendrían en la península. No obstante ser generosa la oferta, la propuesta no fue discutida. La mayoría de los diputados novohispanos abandonó Madrid, pero Alamán permaneció algunos meses.

---

[5] Andrés Lira, *Los imprescindibles. Lucas Alamán*, México, Cal y Arena, 1997, p. 20.

[6] Lucas Alamán, *Historia de México: desde los primeros movimientos que prepararon su independencia en el año de 1808 hasta la época presente*, México, FCE, 1985, V, apéndice 19, pp. 49-64.

En diciembre de 1821 habían llegado las noticias de la firma del Tratado de Córdoba, por lo que en enero, las Cortes le pidieron al ministro de Ultramar que informase al respecto. Éste remitió el Tratado y los despachos de Juan O'Donojú, con lo cual las Cortes procedieron a nombrar una comisión para que dictaminara sobre el asunto. La comisión incluyó al novohispano Tomás Murphy y aconsejó enviar dos comisionados a Veracruz. El documento fue discutido el 27. El diputado Golfín opinó en contra con un argumento convincente:

hace once años que están pidiendo su independencia [...] Si el gobierno y las Cortes lo saben ¿a qué fin enviar comisionados para que lo pregunten? Este ha de ser el término de esta guerra sangrienta y desigual, o por mejor decirlo, este término ha llegado, y ni el orgullo nacional ni el dolor de tan inmensa pérdida podrán cegar nuestros sentidos hasta el extremo de no ver que el sistema americano ha llegado al máximo de sus efectos.

En conclusión, opinaba que el gobierno español reconociera la independencia de los territorios de Ultramar, lo que provocó un escándalo.[7] Alamán y sus colegas novohispanos, interesados en dar fin a la guerra, apoyaron el envío de los comisionados, pero no tardaron en pedir sus pasaportes y en marzo de 1822 abandonaban Madrid.

Su carácter de hombre práctico no le impidió pensar en las minas mexicanas y su deplorable estado, por lo que decidió formar una compañía para la cual buscó socios en Francia, y como encontrara tropiezos se decidió por hacerlo en Inglaterra con algún éxito. Al mismo tiempo adquirió informes sobre nuevos métodos de explotación con la idea de aplicarlos en México.

En agosto de 1822, Agustín I lo había nombrado ministro plenipotenciario en la Corte de Francia,[8] pero aparentemente el despacho llegó después de su partida, puesto que en noviembre finalmente se embarcaba junto a la familia Fagoaga. El 19 de marzo llegaron a Veracruz, justo al tiempo en que el Imperio se esfumaba.

---

[7] José C. Valadés, *Alamán, estadista e historiador*, México, Antigua Librería de Robredo, 1938, pp. 127-128.

[8] Nombramiento de Iturbide a Alamán como enviado extraordinario y ministro plenipotenciario en la Corte de Francia. Tacubaya, agosto 14, 1822. L. Alamán, *Documentos diversos: inéditos...*, vol. I, pp. 457 y ss.

## Alamán ministro de Relaciones, 1823-1825

La consumación de la Independencia se hizo gracias al Plan de
Iguala concebido por Agustín de Iturbide, que logró no sólo que los
dos grupos opositores se aliaran, sino que la lograra casi sin violencia,
despertando grandes esperanzas. No obstante, fue una unión artifi-
cial, pues las aspiraciones de los dos grupos diferían profundamente.
Este escollo lo magnificaron las condiciones lastimosas en que se encontraba el virreinato después de una larga y sangrienta guerra que
había desestabilizado las instituciones y la sociedad, agudizando el
regionalismo desarrollado durante los tres siglos de dominio español
y de una guerra de independencia que dejó al virreinato en bancarro-
ta. El nuevo Imperio se estrenaba en condiciones precarias y en un
contexto de ideas novedosas y de sociedades secretas que domina-
ban al ejército y a buena parte del clero.

No obstante, el optimismo dominaba las conciencias, pues los
Tratados de Córdoba firmados por O'Donojú con Iturbide prome-
tían la paz y la entrada al orden internacional con la bendición de su
ex metrópoli. Pero las noticias de que habían sido rechazados por la
Corona y las Cortes pusieron a la nueva nación en una situación delicada que, al tiempo que abría el camino para que el libertador fuera
coronado, de acuerdo con el ejemplo de Napoleón, la Regencia se
apresuró a convocar elecciones para el Congreso Constituyente de
manera de darle una Constitución al nuevo Imperio Mexicano. Pero
era escasa la experiencia política de los novohispanos, que durante
más de dos siglos sólo contaban con representación en los ayuntamientos y, después de la Constitución de 1812, en las diputaciones
provinciales y sus diputados estaban inmersos en el pensamiento
ilustrado, pero carecían de experiencia en aplicar sus principios en
la práctica. Esto haría que Iturbide y el Congreso se enfrentaran, en
especial por el titularidad de la soberanía. Los diputados mantenían
la tesis gaditana de que el Congreso ostentaba la soberanía como representante de la nación,[9] mientras para don Agustín, él personaliza-
ba "la ley de la voluntad nacional" por la adhesión general que había
logrado el Plan de Iguala. A esta disputa se iba a sumar que, en lugar
de redactar la Constitución y la legislación que resolviera los proble-

---

[9] *Actas Constitucionales Mexicanas (1821-1824)*, introd. y notas de José Barragán Barragán,
México, UNAM, 1980, III, p. 501.

mas urgentes del imperio, los diputados se distrajeron en minucias formales.

En medio de un contexto complejo por la agobiante falta de recursos y el regionalismo, que hacía que las provincias resintieran la falta de proporcionalidad en la representación nacional, mientras la popularidad de Iturbide iba a generar un tumulto la noche del 19 de mayo exigiendo que se reuniera el Congreso para elegirlo emperador, pues no había candidato Borbón. Reunido el mismo en la madrugada, Valentín Gómez Farías presentó la proposición que apoyaban otros cuarenta y seis diputados, y fue aprobada por los ochenta y dos que estaban presentes.[10] Iturbide prestó el juramento como emperador constitucional, y el 21 de julio fue coronado.

Agustín I, agobiado por la falta de recursos, se vio obligado a recurrir a medidas impopulares como los préstamos forzosos y, sin duda, cometió errores como premiar y privilegiar a los oficiales ex realistas y marginar a los ex insurgentes. Borbonistas e insurgentes no tardaron en conspirar, lo que llevó a la aprehensión de algunos. Además, aconsejado por todas las facciones que consideraban al Congreso como "una sombra de representación",[11] el emperador lo disolvió. La decisión sirvió de pretexto para los primeros pronunciamientos que concluirían con el acuerdo militar del Plan de Casa Mata que exigía la elección de un nuevo Congreso y que, aunque respetaba la persona del emperador, significaba la ruptura total de la alianza de 1821. A principios de marzo de 1823, Iturbide restableció el Congreso disuelto, al que el 19 envió su abdicación.

Aunque casi todo el ejército, las diputaciones provinciales y los ayuntamientos se adhirieron al Plan de Casa Mata, éste no preveía suplir la ausencia del Ejecutivo, lo que generó un vacío de poder que iba a ser aprovechado por las diputaciones provinciales, con el apoyo de los jefes políticos y comandantes militares, para asumir poderes extraordinarios y declarar su autonomía, desconociendo la autoridad del Congreso de acuerdo con la cláusula que pedía uno nuevo. Ejército y autoridades civiles sólo lo reconocieron como convocante, pero el Congreso, que se consideraba titular de la soberanía de la nación,

---

<sup>10</sup> "Sesión extraordinaria del día 19 de mayo de 1822". *Actas Constitucionales Mexicanas*, vol. II, pp. 279-302. Alamán, *Historia de México: desde…*, vol. V, p. 596.

<sup>11</sup> Lorenzo de Zavala, *Ensayo histórico de las revoluciones de México desde 1808 hasta 1830*. México, FCE, 1985, I, p. 143.

se negó a convocar uno nuevo y el 30 de marzo, al alcanzar un *quó-rum*, asumió el poder total y nombró un triunvirato de generales para ejercer el ejecutivo provisional.

El ejército, concentrado en Puebla, convocó a los estados a enviar a sus representantes para constituir un gobierno provisional y exigir la elección de un nuevo Congreso. El Congreso reinstalado por Iturbide envió comisionados a negociar con el ejército, mismo que, dadas sus necesidades financieras, terminó por reconocerlo. En esta situación extremadamente delicada, el 16 de abril de 1823 el supremo Poder Ejecutivo nombró a don Lucas Alamán secretario de Estado y Despacho de Relaciones Exteriores e Interiores, cartera que ocuparía en tres ocasiones. Su responsabilidad era velar la política interna y externa del nuevo Estado mexicano. Vale la pena destacar sus decisiones importantes en dos aspectos de su ministerio.

Una de las primeras providencias de Alamán fue autorizar al general Guadalupe Victoria para negociar con los comisionados enviados por las Cortes españolas, Juan Ramón Osés y Santiago Irisarri,[12] al que le envió cuidadosas instrucciones en las que destacaba: "ante todas las cosas y como preliminar del tratado definitivo que ellos se concluyere, ha de reconocer la Nación española la absoluta independencia de la nuestra" y entregar el castillo de San Juan de Ulúa.[13] Alamán quería prevenir la desmembración del territorio, y en especial de Texas por la colonización de norteamericanos, pero no objetó que Guatemala se independizara el 1 de julio y ordenó que, "siendo libre el pueblo de Guatemala para constituirse de la manera que le sea más conveniente a sus intereses y que crea más propio para promover su felicidad, se retiren de su territorio las tropas mexicanas destinadas a él, a las órdenes del brigadier Filisola".[14]

---

[12] Los comisionados traían facultades limitadas. "Prevenciones reservadas a los comisionados nombrados por el rey para las Provincias disidentes de Ultramar", mayo 5, 1822. Jaime Delgado, *España y México en el siglo XIX*, Madrid, Instituto Gonzalo Fernández de Oviedo, 1950, p. 182.

[13] Alamán a Victoria, abril 15, 1823. *La diplomacia mexicana*, compilación e indización de Enrique Santibáñez, México, Eusebio Gómez de la Puente/Secretaría de Relaciones Exteriores, 1912, II, pp. 163-198.

[14] "El secretario de Estado y del Despacho de Relaciones de México, se dirige al general Filisola dándole instrucciones sobre lo que debe hacer a su paso por Chiapas. México, 30 de julio de 1823". Rafael Heliodoro Valle, *La anexión de Centroamérica a México*, México, Secretaría de Relaciones Exteriores, 1946, V, pp. 108-110.

En cambio, se preocupó por la decisión de las diputaciones provinciales de aprovechar la crisis para asumir facultades que no les concedía la Constitución de 1812, aún vigente. Prisciliano Sánchez lo reconoció en su *Pacto Federal de Anáhuac*: "en virtud de la revolución, [las diputaciones] tomaron por necesidad y conveniencia pública para hacer la salud de la patria (ley superior a todas las escritas) un carácter distinto de aquel con que se hallaban investidas. Con el fracaso del Imperio, la soberanía había revertido al pueblo y las diputaciones eran sus representantes".[15] Con base en este presupuesto, las diputaciones desconocieron la legitimidad del Congreso y en el debate con los gobiernos provinciales la retórica se fue radicalizando. La Diputación de Guadalajara asumió el lideraje y, dado que el Congreso se negaba a expedir la convocatoria a nuevas elecciones, en sus sesiones del 9 y 12 de mayo decidió que el jefe político de Guadalajara, Luis Quintanar, informara al Congreso que la provincia no reconocía al gobierno provisional. Con gran tacto, Alamán contestó que veía "con sumo dolor y sorpresa unos procedimientos tan precipitados como desnudos de toda previsión, que jamás podían esperarse de la ilustración, moderación y prudencia de que tienen dadas tantas pruebas los habitantes de esa provincia".[16] La crisis generó un intenso intercambio de noticias entre las diputaciones que para junio, difundía la declaración hecha por la Diputación de Guadalajara de no haber "ley, tratado, ni compromiso que obligue a las provincias a depender del centro".[17]

Alamán, que tenía información sobre la fragmentación que se estaba produciendo en los virreinatos meridionales, temió que México sufriera el mismo fenómeno. Las noticias parecían darle la razón, pues el 30 de mayo Yucatán instalaba una junta provisional y convocaba elecciones para un congreso provincial, y el 1 de junio Oaxaca elegía su gobierno provisional. El 21 tuvo lugar algo que lo alarmó aún más: Guadalajara se erigió en *Estado libre, independiente y soberano*

---

[15] *Memoria sobre el estado actual de la administración pública del estado de Jalisco. Leída por el C. Gobernador del mismo, Prisciliano Sánchez ante la H. Asamblea Legislativa en la apertura de sus sesiones ordinarias el día 1o. de febrero de 1826 seguida del Pacto Federal de Anáhuac*, Guadalajara, Poderes de Jalisco, 1974, p. 60.

[16] Citado por Jaime Olveda, *La política de Jalisco durante la primera época federal*, Guadalajara, Poderes de Jalisco, 1976, p. 19.

[17] "Acta de la Diputación Provincial de Guadalajara", junio 5, 1823. Archivo del Congreso Estatal, legajo 1823, citado en *ibid*.

*de Jalisco* y declaraba que sólo reconocía una relación de *hermandad y confederación con los otros estados*. El federalista Quintanar, convertido en hombre fuerte con el apoyo del comandante general Anastasio Bustamante, fue electo gobernador provisional. Zacatecas, ligado estrechamente a Jalisco, también se declaró estado libre, "soberano de sí mismo", pero advirtiendo la "importancia del bien general y el deseo de no dañar la unidad", afirmando que sólo la federación lograría "el bien de la patria" al conciliar el interés particular de las provincias "con el general de la nación".[18] Así el federalismo se contagió por todo el territorio. En su *Historia*, Alamán lo atribuye a la masonería encarnada en Puebla por Michelena, representante de la Diputación de Michoacán,[19] pasando por alto el regionalismo virreinal que la insurgencia había agudizado con el dominio de algunas zonas, lo que contribuyó a desarticular la administración. El federalismo novohispano estaba presente y José Miguel Guridi y Alcocer lo había propuesto en las Cortes desde 1811, como la única solución para una monarquía tan extensa.

Decidido a impedir la fragmentación del territorio, Alamán no dudó en enviar hacia Guadalajara una división al mando de los generales Nicolás Bravo y Pedro Celestino Negrete, aunque con instrucciones de negociar. Pensaba que el federalismo no era sino una pantalla para disimular los intentos iturbidistas de los generales Quintanar y Bustamante. Consciente de que al enviar un ejército había dado un paso serio, Alamán se presentó ante el Congreso para justificar su decisión. Su discurso insistió en que el Ejecutivo había "cumplido con su deber [...] y que si hubiera obrado de otro modo, sería responsable a la nación por haber *descuidado la primera de sus obligaciones, que es conservar la integridad de la federación y el orden interior de ella*".[20]

El avance de Bravo decidió a las autoridades de Jalisco y Zacatecas a negociar y aceptaron reconocer al gobierno provisional si garantizaba el establecimiento de un sistema federal. Alamán rechazó este acuerdo firmado por Bravo, pues con razón pensaba que ésa era una

---

[18] "El jefe político de Zacatecas acompañando copia de lo acordado por la diputación provincial para contener los males que se figuran amenazar a la patria". Zacatecas, junio 18, 1823. Archivo General de la Nación (AGN), Gobernación, caja 48, exp. 12, f. 4.

[19] Alamán, *Historia de México: desde...*, vol. V, p. 739.

[20] "Discurso que el Excmo. Sr. Ministro de Relaciones Interiores y Exteriores pronunció en la sesión del día 8 del corriente". Alamán, *Documentos diversos: inéditos*, vol. II, pp. 555-562.

decisión que debía tomar el Congreso Constituyente. Promovió entonces que el secretario de Guerra destituyera al general Quintanar, pero como éste era gobernador provisional, con el apoyo de los habitantes impidió que su sustituto entrara en Guadalajara.

El apoyo al federalismo y la exigencia de un nuevo Congreso se había extendido por todo el territorio, lo que obligó al Congreso a resignarse a convocar elecciones para uno nuevo. La ley electoral apareció hasta el 17 de junio con los lineamientos de la convocatoria para las elecciones de diputados a Cortes, de manera que se iba a elegir "un diputado por cada 50 000 habitantes, teniendo el derecho de votar todo hombre libre mayor de diez y ocho años, sin otra restricción",[21] lo que daba a cada provincia una representación proporcional a la población, respondiendo al descontento que había despertado la composición estamental del primer Congreso. No obstante, como la ley preveía la elección de nuevas diputaciones, Guadalajara y Zacatecas se negaron a cumplimentarla.

Iba a tener un papel relevante en la situación mexicana la noticia de que el ejército francés había cruzado los Pirineos para restablecer el absolutismo en España, pues las provincias temieron que si la Santa Alianza apoyaba a la ex metrópoli para doblegar a sus territorios americanos, sólo el gobierno "central" contaba con el ejército. Así, la firmeza de Alamán que impidió la fragmentación territorial, conjugado con el temor a la reconquista, contribuyeron a restaurar un ánimo conciliador en toda la nación.

Pero Alamán no se había limitado a los problemas interiores, mantuvo su mirada en el exterior. El ministro José Manuel Zozaya, enviado por el Imperio a Estados Unidos, había alertado al gobierno sobre el expansionismo norteamericano del que Alamán era ya consciente. Tal preocupación debe haberse agudizado con las noticias de que El Salvador, descontento con la anexión de Guatemala al Imperio, había enviado una legación a Washington solicitando la anexión.[22] Alamán sabía que la Capitanía de Guatemala se había unido voluntariamente al Imperio y que nunca había sido administrado por Nueva España. Al recibir una nota de la Asamblea de Provincias de Centroamérica, anunciándole que el 1 de julio de 1823 había proclamado la "independencia absoluta de Centroamérica respecto de

---

<sup>21</sup> Alamán, *Historia de México: desde...*, vol. V, p. 765.
<sup>22</sup> José Antonio Torrens a Alamán. *La diplomacia mexicana*, II, pp. 32-35.

México y España" y nombraba al ex diputado Juan de Dios Mayorga encargado de Negocios,[23] Alamán se dio cuenta de que esta secesión era diferente a la declaración de soberanía de las provincias mexicanas. Por tanto, de inmediato solicitó al Congreso el reconocimiento de su independencia.[24] Sin embargo, éste no lo consideró urgente[25] y no lo decretó sino hasta el 20 de agosto de 1824 y precisando que "no comprende en ellas la de las Chiapas".[26]

Ahora bien, la Asamblea invitaba a Chiapas a reincorporarse y don Lucas consideraba que Chiapas tenía gran valor estratégico por lo que no deseaba su separación. Chiapas se mantenía separada tanto de México como de Guatemala, y en junio de 1823 había establecido una Junta Suprema. De acuerdo con estos eventos, al ordenar al general Vicente Filisola que se retirara con el ejército de Guatemala, Alamán agregó que, a su paso por Chiapas, reinstalara la Diputación Provincial. Esto resultó inútil porque la duda de muchos ayuntamientos de la conveniencia de anexarse a cualquiera de los dos gobiernos hizo que, al partir Filisola, se proclamara el Plan de Chiapas Libre y se nombrara la junta que gobernaría la provincia hasta el 14 septiembre de 1824, en que el estado votó su incorporación a los nuevos Estados Unidos Mexicanos.

No todos reconocieron lo acertado de las decisiones de Alamán, antes bien, lo convirtieron en blanco de enconados ataques periodísticos, lo que le llevó a presentar varias renuncias al cargo, sin que le fueran aceptadas. Una de las principales acusaciones fue la de que era monarquista, algo que lo llevó a aclarar más tarde que por entonces era un convencido republicano centralista. No obstante ello, una vez promulgada la Constitución, como funcionario la respetaría en las dos ocasiones que fue secretario.

Una vez reunido el Congreso Constituyente, Alamán presentó la *Memoria* de su gestión el 8 de noviembre, y en ella se redujo a mencionar que

---

<sup></sup>

[23] Rodolfo Pastor, *Historia de Centroamérica*, México, El Colegio de México, 1983, p. 154.

[24] "Minuta del ministro Alamán. Manifiesta que el reconocimiento de la independencia depende del Congreso". México, agosto 31, 1823; "Minuta del ministro Alamán pide al Congreso resuelva la cuestión de la independencia de Guatemala". México, noviembre 6, 1823. *La diplomacia mexicana*, II, 209-211.

[25] *El Águila Mexicana*, octubre 20, 1823.

[26] *La diplomacia mexicana*, II, pp. 223-224.

...el gobierno de las provincias encargado por la Constitución que provisionalmente rige a los Jefes políticos, Diputaciones Provisionales y Ayuntamientos, [...] ha debido *sufrir el sistema en general. Unido por el anterior gobierno, el mando político al militar, se ha tratado de separarlo, conforme lo prevenido en la Constitución,* y se ha verificado así en muchas provincias, quedando sólo reunido en aquellas en que las circunstancias han parecido exigirlo.[27]

No obstante, los ánimos no se calmaron y a fin de año tuvieron lugar algunas revueltas, lo que hizo que Alamán volviera a presentar su renuncia, que le fue admitida el 25 de enero de 1824. Libre de las preocupaciones públicas, don Lucas pudo concentrarse en la compañía minera que había organizado, lo que no impidió que fuera invitado el 21 de febrero por el Tribunal de Minería como comisionado para hacer un examen de las monedas y aceptara.[28]

La compleja situación mexicana y el reconocimiento de que su desempeño había sido atinado, hicieron que fuera llamado nuevamente al ministerio de Relaciones, el 13 de mayo. Sin duda la atmósfera general era más tranquila, no obstante que las inquietudes de Jalisco continuaban preocupando al Congreso y al Ejecutivo. El poder de convocatoria federalista de los generales Quintanar y Bustamante, sumado a las noticias de un posible regreso de Iturbide, hicieron que *El Sol* pidiera se les declarara traidores. El Congreso discutió el tema en sesión secreta el 16 de abril, en la que se aprobó el decreto del 2 de mayo que declaraba a don Agustín fuera de la ley si tocaba suelo mexicano. El gobierno decidió "que Bravo y Negrete volviesen a aquel estado con una fuerte división".

Quintanar y Bustamante no parecen haberse comprometido en conspiraciones. Los papeles del archivo de guerra muestran que la acusación surgió de una comunicación de Negrete, confirmada en otra de Juan Pablo Anaya, en la que insistía que "se preparaba la dictadura de Iturbide".[29] Bustamante desmintió las acusaciones en un

---

[27] *Memoria que el Secretario de Estado y del Despacho de Relaciones Esteriores e Interiores presenta al Soberano Congreso Constituyente sobre los negocios de la Secretaría de su cargo, leída en la sesión de 8 de noviembre de 1823, impresa de orden del soberano Congreso.* México, Imprenta del Supremo Gobierno en Palacio, 1823, p. 16.

[28] "Autobiografía...", en Alamán, *Documentos diversos: inéditos...,* IV.

[29] Negrete a Guerra, Zamora, abril 12, 1824, Archivo Histórico de la Secretaría de la Defensa Nacional (AHDN), 381.3/305, f. 80-90. Juan Pablo Anaya, San Luis Potosí, mayo 12, 1824, *ibid.,* f. 107.

manifiesto en el que exigía las pruebas.[30] Ante el avance de tropas hacia Guadalajara, Quintanar le escribió a Bravo el 29 de mayo para expresar su extrañeza por tal acción, ya que en el estado reinaba la paz. En su contestación del 31, Bravo se limitó a comunicarle que se trataba de un movimiento del gobierno, mismo que podía hacer "según crea conveniente".[31] Quintanar le comunicó a los jalicienses sobre la proximidad de las tropas por "haberse inventado la fábula del regreso del Sr. Iturbide".

Bravo no tardó en ocupar Guadalajara sin resistencia y detuvo a Quintanar y a Bustamante,[32] quienes tuvieron la desilusión de sentirse traicionados esta vez por no contar con el apoyo del Congreso de Jalisco. Se les condujo con grilletes a Acapulco para cumplir con la sentencia de expatriación. Ante la protesta enérgica del gobierno de Zacatecas y los rumores que surgieron, Bravo decidió ampliar la amnistía que había concedido para incluir a los generales, no obstante, permaneció varios meses en Guadalajara.

Alamán y Manuel Mier y Terán, nombrado ministro de Guerra en 1824, lograron tranquilizar también los estados de Puebla y Oaxaca. De modo que al jurar Guadalupe Victoria la Constitución y el cargo como presidente, el país estaba en paz, permitiendo que Alamán pidiera una licencia de septiembre a noviembre para supervisar su compañía en Guanajuato.


## Alamán sienta los lineamientos de las relaciones exteriores de México

Durante el despacho como ministro de Relaciones en el periodo 1823-1825, don Lucas también se enfrentó a uno de los problemas importantes para el nuevo Estado: el reconocimiento de la independencia por Gran Bretaña y los países europeos. El británico era primordial por ser la única potencia que podía neutralizar la amenaza española y proporcionar los préstamos que requería el naciente Estado.

---

[30] "El general Bustamante a la Nación". Guadalajara, abril 29, 1824, *ibid.*, f. 61-62.

[31] Quintanar a Bravo, Guadalajara, mayo 29, 1824, y Bravo a Quintanar, mayo 31, 1924. AHDN, 381.3/306, f. 11-14.

[32] Bravo a Guerra, junio 15, 1824, *ibid.*, f. 33.

Los ministros británicos seguían cuidadosamente los acontecimientos hispanoamericanos, y en especial los mexicanos, pues le concedían gran importancia al país por su plata, su mercado comercial, proveedor de importantes tintes para su industria textil y puente de comunicación entre Europa y Asia. El pragmático George Canning, convencido de la necesidad de reconocer la independencia, estaba decidido a hacerlo, pero esperaba el momento oportuno. Por de pronto nombró algunos cónsules para atender los negocios británicos. En ese momento, Patrick Mackie, que decía tener influencia para contrarrestar "cualquier designio injurioso a los intereses de Gran Bretaña",[33] ofreció pasar al país "a propia costa" y Canning aceptó la oferta. Las instrucciones se limitaban a observar la estabilidad del nuevo Estado, su disposición para entrar en relaciones comerciales con Gran Bretaña, y la que tenía hacia España y hacia una posible mediación británica entre ésta y su ex colonia.[34] Mackie llegó en julio de 1823 y de inmediato Victoria le comunicó a Alamán la noticia. Éste decidió aprovechar la oportunidad y facultó a Victoria para negociar con él. En sus instrucciones subrayó tres puntos: reconocimiento absoluto de la independencia y de la forma de gobierno bajo la cual la nación se constituya, y garantía contra cualquiera pretensión extrajera sobre su territorio. A pesar de no contar con facultades para ello, Mackie ofreció el apoyo de Gran Bretaña a cambio de una acogida libre a todos los agentes comerciales británicos.[35]

Al recibir el informe de Mackie, Canning se apresuró a nombrar una comisión oficial formada por Lionel Hervey, Charles O'Gorman y Henry George Ward, con instrucciones de observar e informar sobre la solidez del gobierno y la independencia, la abolición del comercio de esclavos y la posibilidad de que México coronara un infante español, además de comunicar con tacto la nulidad de los acuerdos negociados por Mackie.[36] Dada la presión de los comerciantes británicos, temerosos de las ventajas que tendría los norteamericanos, con quienes se te-

---

<sup>33</sup> Mackie a Canning, noviembre 28, 1822. Public Record Office, Foreign Office 50 (México), exp.1, 1-3. En adelante FO 50.

<sup>34</sup> Canning a Mackie (secreto), diciembre 21, 1822. Charles K. Webster, *Britain and the Independence of Latin America, 1812-1830*, Nueva York, Londres, Toronto, Oxford University Press, 1938, I, pp. 431-432.

<sup>35</sup> "Actas", julio 31, agosto 5 y 7, 1823, *La diplomacia mexicana*, III, pp. 109-115.

<sup>36</sup> Canning a Hervey, octubre 10, 1823 (1 y 2 secretos). Webster, *Britain and the Independence...*, I, pp. 233-438.

nían relaciones normales, Canning redactó las instrucciones generales para enviar cónsules a los puertos mexicanos.[37]

Los comisionados llegaron a fines de diciembre de 1823, y en enero Hervey enviaba un reporte favorable que destacaba la redacción del Acta Constitutiva, por la cual se elegía la forma de gobierno republicana, representativa, popular y federal, signo que sentaba las bases de estabilidad del gobierno. También informó que el Congreso había abolido el comercio de esclavos, estaba en posesión del territorio y parecía capaz de resistir militarmente cualquier intento europeo. Admitía que existían problemas y divisiones, además de una minoría monarquista, pero no los consideraba obstáculos para el reconocimiento, el cual era indispensable para detener la ventaja que llevaban los norteamericanos, pues además de colonizar Texas hacían un activo comercio en el norte.[38]

México había iniciado contacto con Gran Bretaña desde el Imperio. Iturbide había aceptado la oferta de Francisco Borja Migoni, comerciante residente en Londres, para conseguir un préstamo. Cuando Alamán se hizo cargo de la Secretaría de Relaciones reconfirmó a Borja, a quien había conocido en Londres. Con motivo de la llegada de Mackie, le amplió las facultades y le envió una credencial que lo identificaba como agente diplomático mexicano en Inglaterra. Borja se entrevistó con algunos funcionarios, pero Canning se negó a recibirlo por su calidad de comerciante. Como mostrarían los hechos, el nombramiento fue un gran error, pues amparado en las facultades concedidas no sólo les daría dolores de cabeza a los enviados plenipotenciarios, sino que, como había obtenido la nacionalidad británica, a su muerte, la misión mexicana no pudo recuperar lo que custodiaba del remanente del préstamo otorgado a México.

Aunque Alamán le daba importancia primordial al reconocimiento británico, eso no lo distrajo de su empeño por lograr que México mantuviera buenas y estrechas relaciones con los países hermanos de Hispanoamérica para lograr la unidad que permitiera negociar en mejores condiciones, tanto con la metrópoli como con el Vaticano. Empezó por aprovechar que el representante de Colombia, Miguel Santa María, había permanecido en México para negociar el Tratado de Unión, Liga y Confederación Perpetua entre ambos países el 3

---

[37] Comerciantes británicos a Canning, septiembre 12, 1823. FO 50, exp. 2, 91-95.

[38] Hervey a Canning, enero 18, 1824, Webster, *Britain and the Independence...*, I, pp. 442-445.

de octubre de 1823, que incluía llevar a cabo la reunión de Estados americanos en Panamá. El Tratado fue ratificado por el Congreso mexicano el 2 de diciembre y por Colombia medio año más tarde.[39] En cambio, el Tratado de Comercio firmado el 31 de junio de 1823 no tendría la misma suerte, pues como concedía una rebaja de derechos para mercancía transportada por barcos mexicanos, Colombia no pudo ratificarlo, por haber comprometido privilegios especiales a los británicos.

Alamán pidió autorización al Congreso para nombrar varios agentes que negociaran el reconocimiento de la independencia de otros países europeos. Su preocupación fundamental fue designar un plenipotenciario ante el rey de Inglaterra. Don Pablo de la Llave fue la primera elección para el cargo, con el ecuatoriano Vicente Rocafuerte como secretario y Tomás Murphy como intérprete. De la Llave declinó, y entonces se eligió a Mariano Michelena para el cargo de enviado extraordinario y ministro plenipotenciario. Esto no dejó de sorprender a Canning, puesto que el enviado debía ostentar el mismo carácter que llevaba Lionel Hervey para México. Alamán preparó instrucciones minuciosas en las cuales sobresalía insistir en el *reconocimiento de la independencia absoluta* de España, comprendiendo "la integridad del territorio, especificado éste según los últimos tratados celebrados por España con Inglaterra y con Estados Unidos y contra toda pretensión que éstos pudieran formar sobre la provincia de Texas o California de Rusia". Pero la negociación no debía limitarse a la de México sino que, en compañía de los demás ministros de América, tendría que incluir *la independencia de todos los países, de Guatemala al Cabo de Hornos.* En caso pertinente podía solicitar la mediación con España, y si acaso recibía alguna otra oferta para el mismo fin, podía escoger la más conveniente. También debía buscar un tratado defensivo contra la Santa Alianza y, desde luego, uno de comercio, contratar un préstamo y comprar armas y buques para lograr la rendición de San Juan de Ulúa. Debía trasmitir asimismo todas las noticias importantes y vigilar a Iturbide. En instrucciones reservadas se le ordenó "combinar con los ministros americanos y los extranjeros, la libertad de la Habana", evitar

---

[39] *Memoria presentada a las dos Cámaras del Congreso General de la Federación, por el Secretario de Estado y del despacho de Relaciones Esteriores e Interiores al abrirse las sesiones del año 1825 sobre el estado de los negocios del ramo*, México, Imprenta del Supremo Gobierno de los Estados Unidos Mexicanos en Palacio, 1825, pp. 8-9.

"la reunión de ésta con los Estados Unidos" y atraer fabricantes, artistas, labradores y compañías pesqueras hacia México.[40] También se le advirtió que no se inmiscuyera en la vida política inglesa.

Mientras tanto, Canning recibía el informe de Hervey, que consideró hecho con premura, sin el cuidado que requería "la confianza de las diversas clases de la sociedad" y asumiendo que todo el clero era monárquico. No obstante, a pesar de esas inconsistencias lo aceptó como base para poder extender el reconocimiento *de facto*.[41]

Rocafuerte y Michelena llegaron a Londres y buscaron empaparse del contexto general para tener una base sólida en las negociaciones. El 24 de junio Michelena decidió enviar a Murphy a Francia y los Países Bajos, y a Manuel Eduardo de Gorostiza a los países nórdicos. Michelena y Rocafuerte evaluaron con agudeza la situación europea y la política británica, y se convencieron de que los intereses comerciales hacían improbable que la Santa Alianza apoyara una reconquista. No obstante, el 27 de julio dieron aviso cifrado del envío de "una expedición de catorce mil hombres" hacia La Habana.[42] La partida de Iturbide deterioró la situación y Canning pospuso las entrevistas con los comisionados hasta recibir noticias de México. Michelena y Rocafuerte aprovecharon para consolidar un frente hispanoamericano que mostrara su fuerza a los británicos. Consiguieron que los representantes de Argentina, Brasil y Colombia accedieran a amenazar con retirarse,[43] pero sólo Colombia estuvo dispuesta a una ofensiva más directa. También trataron de cumplir el encargo de compra y envío de armas, las que pudieron remitir antes de finalizar agosto, gracias a la consolidación del préstamo Barclay, pues Borja había obstaculizado la entrega de dinero a Michelena.

Empeñado en adelantarse a todas las circunstancias, Canning nombró a James Morier en reemplazo de Hervey como primer comisionado. Sus instrucciones preveían diversos contextos: que Iturbide fuera reconocido emperador; que el país se hubiera fragmentado en estados, o bien, que volviera a ser parte de España. Debía observar

---

[40] "Instrucciones para el ministro de México en Londres" e "Instrucciones reservadas", marzo 7, 1824, *La diplomacia mexicana*, III, pp. 272-277.

[41] Canning a Hervey, abril 23, 1824, Webster, *Britain and the Independence...*, I, pp. 446-451.

[42] Michelena a Relaciones, julio 25, 1824 y nota cifrada, julio 27 y 31, 1824, *La diplomacia mexicana*, III, pp. 47-52.

[43] Jaime E. Rodriguez, *The Emergence of Spanish America: Vicente Rocafuerte and the Spanish Americanism, 1808-1832*, Berkeley, University of California, 1975, pp. 97-98.

con cuidado, mantener la imparcialidad y no comprometerse con ningún personaje o partido, y sólo abandonar el país en "caso de inminente necesidad".[44] En septiembre llegó la noticia del fusilamiento de Iturbide y fue recibida con júbilo. Sin duda, con su muerte el ex emperador hacía un último gran servicio a su patria; los mismos Alamán y Mier y Terán lo consideraron positivamente. Canning reanudó las negociaciones, pero los obstáculos del gabinete lo hicieron ofrecer la mediación con España y que México hiciera una oferta económica. Michelena descartó de inmediato el pago de indemnización[45] y, convencido de que la muerte de Iturbide eliminaba el principal problema, presionó el 30 de noviembre a Canning para que extendiera "una comunicación oficial que, publicada por el gobierno, tranquilizara los ánimos y asegurara a nuestro pueblo el reconocimiento *de facto*". Canning pidió una nota para meditarla, junto a un apunte sobre los límites de la República Mexicana y las características de su Poder Ejecutivo, así como informes sobre las negociaciones con otros poderes europeos.[46] El 6 de diciembre les reiteró la posición británica y adjuntó el *Memorándum Polignac*, documento en que el ministro Castlereagh había comprometido al ministro francés en Londres, Chateaubriand, para asegurar que Francia no se uniera a España ante la amenaza del presidente Monroe, en 1823. Castlereagh convenció a Chateaubriand de que tal acuerdo facilitaría que las provincias hispanoamericanas eligieran "monarquías en vez de repúblicas".[47] Michelena y Rocafuerte consideraron que la nota de Canning anunciaba buenos augurios.

En realidad, Canning estaba listo para otorgar el reconocimiento y contaba con el apoyo del primer ministro, lord Liverpool, aunque la Corona mantenía ciertos escrúpulos, por lo que decidieron amenazar con su dimisión el 15 de diciembre para que el gabinete recomendara al rey la autorización. Así, el 30 pudo anunciar a los enviados mexicanos que Gran Bretaña reconocería a México, Colombia y Argenti-

---

[44] Canning a Morier, julio 30, 1824, Webster, *Britain and the Independence...*, I, pp. 457-458.

[45] Conferencia entre Mr. Planta y el general Michelena acerca de una mediación con España, septiembre 22, 1824, *La diplomacia mexicana*, III, pp. 87-88.

[46] Memorándum de la conferencia habida entre el agente Michelena y el ministro Canning, octubre 13, 1824, *Ibid.*, III, pp. 93-98.

[47] William S. Robertson, *France and Latin-American Independence*, Baltimore, The John Hopkins Press, 1939, p. 207. Charles K. Webster, "Castlereagh and the Spanish Colonies II. 1818-1822", *The English Historical Review*, 30:120, (January, 1915), pp. 642-643.

na. La noticia causó un escándalo en Europa, pero al mismo tiempo facilitó que Prusia, las ciudades hanseáticas y Holanda imitaran a los ingleses. Canning, por su parte, se apresuró a nombrar como Chargé d'Affaires a Ward, *con poderes para firmar un tratado con el Estado de México*. En sus credenciales insinuaba con discreción la conveniencia de retirar a Michelena por haberse comprometido "en las recientes riñas españolas", además de insistir en que el cónsul no fuera comerciante.[48] El retiro de Michelena permitió que, a su llegada a México, Alamán le pidiera representar al país en la reunión de Panamá, la cual se celebraría mucho después de su renuncia a la Secretaría.

La noticia del reconocimiento británico hizo que Estados Unidos finalmente nombrara un ministro en México, temerosos de la ventaja que pudieran tener los ingleses. El elegido fue Joel R. Poinsett, quien contaba con la experiencia de su viaje al país como agente durante 1822. Alamán estaba concentrado en la preparación del Tratado con Gran Bretaña, para lo cual se organizó una serie de conferencias con José Ignacio Esteva y el presidente Victoria. Morier y Ward presentaron los tratados firmados con otros países hispanoamericanos como base, y el 10 de abril pudieron informar a Canning que, en general, los mexicanos admitían sus términos, aunque el concepto genérico de Estado de México (que evitaba el de república) causaba problemas al confundirse con el nombre de una de las divisiones territoriales. Además, el empeño de Alamán de exigir el reconocimiento absoluto de la Independencia significó un obstáculo mayor, ya que esto impedía aceptar que se utilizara *acknowledgement de facto*. Los ingleses sostenían que el *reconocimiento de jure* sólo podía otorgarlo España. Consertados los artículos, el tratado negociado por Alamán se entregó para su discusión por el Senado mexicano[49] y también se envió a Londres para su revisión. Hecho esto, Ward presentó sus credenciales el 31 de mayo y al día siguiente lo hizo Joel R. Poinsett, ministro plenipotenciario de Estados Unidos que había llegado un poco antes.

---

[48] Canning a Ward, enero 3, 1825. Canning a Ward y Morier, enero 3, 1825. Webster, *Britain and the Independence...*, pp. 459-465.

[49] Morier y Ward a Canning, abril 10, 1825. Webster, *Britain and the Independence...*, I, pp. 468-470; Carlos María de Bustamante, mayo 10, 1825. *Diario Histórico de México, 1822-1848*, editado por Josefina Zoraida Vázquez y Cuauhtémoc Hernández. México, CIESAS, Colmex, Academia Mexicana de la Historia, INAOE, Conacyt, 2003, CD 1.

El 14 de marzo de 1825, Poinsett había recibido sus credenciales del presidente John Quincy Adams y el secretario de Estado Henry Clay le había entregado sus instrucciones: debía mostrar la simpatía del país hacia México y su disposición para aclarar el funcionamiento de la Constitución de Estados Unidos, además de negociar un Tratado de Comercio sobre la base de nación más favorecida, la conveniencia de construir un camino de Missouri a Santa Fe, disuadir cualquier proyecto de Colombia y México de liberar a Cuba, y plantear la conveniencia de mover la frontera hacia el sur para que los ríos Arkansas y Colorado quedarán dentro de su territorio.[50]

Poinsett no tardó en percatarse de que con Alamán se enfrentaba a su igual: educado, refinado, conocedor del mundo y librecambista como liberal moderado. Los dos empeñados en defender los intereses de su país, pero el mexicano también de preservar la solidaridad hispanoamericana. Las instrucciones de Poinsett preveían el caso de que tuviera que reconocer la frontera negociada con España en 1819, por lo que al darse cuenta de que los mexicanos abrigaban aprehensiones hacia "nuestros movimientos en relación con Texas y Nuevo México",[51] desistió de insinuar cualquier movimiento de la frontera o compra de territorio y no insistió en el asunto. Su astucia le permitió anunciar de manera cifrada, en su despacho del 27 de julio, que al respecto lo

> ..importante era ganar tiempo si deseamos extender nuestro territorio más allá de la frontera aceptada en el tratado de 1819. La mayoría de las buenas tierras del Colorado al Sabina han sido concesionadas por el estado de Texas y está rápidamente poblado para concesionarios o colonos de los Estados Unidos, una población que ellos encontrarán difícil de gobernar.[52]

Alamán tenía razón en abrigar honda desconfianza hacia el ministro y desde el principio desechó toda discusión sobre la frontera, puesto que México heredaba la vigencia del Tratado de 1819. Su sucesor, Sebastián Camacho, mantendría la misma línea. En cuanto al asunto del camino de Missouri a Santa Fe, Alamán justificó no tratar

---

<sup>50</sup> "Instrucciones a J. R. Poinsett, enviado extraordinario y ministro plenipotenciario de los Estados Unidos en México. Washington, marzo 26, 1825". Carlos Bosch García, *Documentos de la relación de México con Estados Unidos. I. El mester político de Poinsett (noviembre de 1824-diciembre de 1829)*, México, UNAM, 1983, pp. 67-78.

<sup>51</sup> Poinsett a Henry Clay. México, junio 18 y julio 22, 1825. *Ibid.*, pp. 85-87.

<sup>52</sup> Poinsett a Henry Clay. México, julio 27, 1825. *Ibid.*, pp. 88-89.

el asunto porque eso dependía de los arreglos comerciales y de los reglamentos que los regularían.[53]

El versátil Poinsett observó con cuidado los personajes del gobierno. Empezó por considerar que el presidente era débil y estaba controlado por su gabinete, en especial por Alamán. También advirtió que tendría posibilidades de influir en el grupo "democrático". Por de pronto se concentró en redactar el proyecto de Tratado que fue presentado el 22 de agosto. Alamán y el ministro de Hacienda, José Ignacio Esteva, iniciaron una serie de conferencias con el ministro para discutirlo. Poinsett no tardó en darse cuenta de que iba a ser difícil conseguir las pretendidas exenciones, que Alamán se opondría a conceder la perfecta reciprocidad y que no sería sencillo que accediera a la devolución de los esclavos fugitivos de Estados Unidos, cláusula que retardó la firma del Tratado hasta la década de 1830. Mas estos obstáculos no le preocuparon demasiado, pues el ambiente estaba lleno de rumores sobre la próxima salida de Alamán del gabinete. En efecto, don Lucas había vuelto a ser blanco de ataques furibundos, no sólo de la prensa, sino también de los congresistas. La situación llegó a tal grado que, antes de finalizar septiembre, decidió renunciar a la cartera, después de la tercera conferencia sobre el Tratado. Fue una desgracia para los intereses del país, pero el hecho de que miembros del gabinete formaran una nueva logia masónica que Poinsett registraría en la de York, le hacía la vida difícil. Poinsett resultó ganador, tanto que interpretó el hecho como que el partido norteamericano sustituía al europeo.

Don Lucas volvió a sus empresas y a empujar nuevas, entre ellas una industria textil en Celaya pero con telares modernos, y se entusiasmó en promover la modernización de la agricultura, para lo cual adquirió la hacienda de Trojes, la de Juan Martín y el rancho San Lorenzo. Al mismo tiempo, logró un encargo importante en 1826: ser nombrado apoderado del duque de Terranova y Monteleone, heredero de Hernán Cortés, encomienda que le traería dolores de cabeza en un contexto político decidido a expropiar esos bienes.

Mientras tanto, los acontecimientos políticos se radicalizaron y las elecciones de 1828 terminaron por violarse. La violencia colocó como presidente a Vicente Guerrero, quien sólo gobernó unos me-

---

[53] Alamán a Poinsett, México, julio 2, 1825. Archivo de la Secretaría de Relaciones Exteriores (ASREM), 7-114. fs. 2-3.

ses. Los acontecimientos desprestigiaron a la masonería y generaron resistencia en los importantes estados de Zacatecas, Jalisco, San Luis Potosí y Michoacán. El gobierno de Guerrero, sin recursos, intentó establecer impuestos directos para obtenerlos y poder enfrentar al intento de reconquista española de 1829. Su ilegal ascensión a la Presidencia y las medidas fiscales le volvieron impopular y el desafortunado Guerrero terminó por ser víctima de un pronunciamiento militar organizado por José Antonio Facio en Jalapa. El Ejército de Reserva, creado con motivo de la amenaza y que estaba al mando del vicepresidente Anastasio Bustamante, había sido acantonado en Huamantla. Con el pretexto de la petición de auxilio del comandante general de Veracruz por falta de defensa del castillo, el ejército se trasladó a Jalapa y, una vez vencida la expedición del comandante Isidro Barradas en las cercanías de Tampico, el gobierno intentó disolverlo. Facio aprovechó una ausencia temporal de Bustamante y organizó el pronunciamiento, mismo que después lo invitó a ponerse al frente y asumir la Presidencia.[54]

## Alamán vuelve a la Secretaría del Despacho de Relaciones Interiores y Exteriores, 1830-1832

Alamán no estuvo involucrado en el golpe, aunque era enemigo de Guerrero. No sólo estaba enfrascado en problemas con los bienes de Monteleone, sino también con los de la muerte de su suegro, con el que había pensado irse a radicar a Europa. No obstante, su notoriedad le dio un papel en los acontecimientos. Según Valadés, Guerrero le pidió a Alamán que fuera a Puebla en su nombre, para conferenciar con Bustamante y proponerle una transacción; no obstante, antes de hacerlo decidió salir a batir a los sublevados. A continuación, don Lucas recibió una comunicación del gobernador de Veracruz, Esteva, quien le decía "que era menester abreviar el pronunciamiento en la Ciudad de México". Éste le contestó que era preciso que le avisaran al comandante Quintanar, en cuya casa se reunían los conjurados, pues él no tenía la parte que le atribuían en la

---

<sup></sup>[54] José Antonio Facio, *Memoria que sobre los sucesos del tiempo de su Ministerio y sobre la causa intentada contra los cuatro ministros del Excelentísimo señor vicepresidente don Anastasio Bustamante presenta a los mejicanos el general, ex ministro de Guerra y Marina*, París, Imprenta de Moquet y Cía., 1855, pp. 110-112.

revolución.[55] El golpe se dio el 23 de diciembre y los pronunciados se apoderaron del Palacio Nacional, nombrándose Poder Ejecutivo investido en un triunvirato formado por Alamán, Quintanar y Pedro Vélez.

Establecido el nuevo gobierno, Bustamante nombró a Alamán para el Ministerio de Relaciones el 7 de enero de 1830 y, según todos, se convirtió en el alma de la nueva administración. El Plan de Jalapa exigía restablecer "la Constitución y las Leyes", pero sus enemigos insistieron en que el intento era centralizar el gobierno. Esa fue su gestión más larga y en la que más influiría, tanto que se le ha llamado "administración Alamán" y en la que surgieron una serie de acusaciones que daría fin a su carrera política.

Al entrar esta vez al ministerio, Alamán ya no era el joven idealista que había regresado de Europa con grandes ilusiones. Ahora tenía experiencia y un conocimiento más maduro de la situación del país, tanto la económica como la política; era menos flexible con los enemigos, había aprendido algunas mañas políticas y había experimentado su primer fracaso empresarial. Sus convicciones eran más definidas y estaba consciente, como la mayoría de los políticos, de que el sistema federal había fracasado. La mancha de 1828 le había permitido afinar sus puntos de vista, como lo muestra el texto de su defensa de los cargos que le hicieron en 1833. En él hace una crítica atinada de muchos aspectos del federalismo mexicano.[56] Él fue el primero en darse cuenta de la forma errada en que se había entendido en México el federalismo:

el modelo, como arriba se ha dicho, que se tomó para constituir a la nación fueron los Estados Unidos; pero de este modelo apenas se tenía alguna tintura y lo que se había visto practicar de alguna manera era la Constitución española, que en sí misma no era otra cosa que una imitación de la de la Asamblea Constituyente de Francia [...] Así es que, sin echarlo de ver, todo el espíritu de la Constitución española se transfundió en nuestra Constitución Federal bajo la forma de Constitución de los Estados Unidos y este influjo fue todavía más caracterizado en las constituciones de algunos estados. La constitución que dio a la Francia la Asamblea Constituyente y que copiaron servilmente las Cortes de Cádiz, no sólo no distinguió debidamente los poderes, no sólo no estableció un equilibrio conveniente entre ellos, sino que debilitando ex-

---

<sup>55</sup> Valadés, *Alamán, estadista e historiador*, p. 239.

<sup>56</sup> L. Alamán, *Examen Imparcial de la Administración del general vicepresidente don Anastasio Bustamante*, México, Conaculta, 2008, pp. 195-221.

cesivamente al Ejecutivo, trasladó al Legislativo toda la autoridad, creando en lugar del poder absoluto del monarca un poder tan absoluto como aquél, y enteramente arbitrario, sin que hubiese para contenerlo ninguno de los frenos que podrían en alguna manera impedir la arbitrariedad de los monarcas.[57]

Alamán favorecía la reforma de la Constitución, pero como el Ejecutivo no tenía facultades para ello, se limitó a escribir o encargar textos sobre la conveniencia de cambiar algunos artículos. Las legislaturas de algunos estados cumplieron con el envío de sus propuestas. Zacatecas, que era el más importante por su hacienda saneada y unidad política, no lo hizo, lo que parece indicar que aprobaba la redacción original. Para Alamán era indispensable fortalecer al gobierno federal y al Ejecutivo, algo que seguramente hubieran suscrito todos los presidentes anteriores a Porfirio Díaz, pues la debilidad en que mantuvieron al Ejecutivo todas las constituciones hizo que sólo funcionara con facultades extraordinarias. Favorecía adoptar el voto censitario, punto en el que estaban de acuerdo José María Luis Mora y Lorenzo de Zavala y era aplicado en Estados Unidos, Gran Bretaña y Francia; pretendía reducir las milicias cívicas, que los estados interpretaban como fuerzas para defender la soberanía de posibles intervenciones del gobierno federal, además de que eran manipuladas en motines y arrebataban brazos al campo. También le preocupaba la desigual división política de la República y los costos que acarreaba, y buscaba que el control de la colonización quedara en la esfera del gobierno federal, pues un preocupante informe del comandante del noreste, Manuel Mier y Terán, lo consideraba en parte resultado de haber dejado la Constitución en manos de los estados.

Desde el inicio, como dijimos, los opositores del régimen atribuyeron a la administración Bustamante centralizar el gobierno, acusación que han tomado como un hecho los historiadores mexicanos y extranjeros.[58] Su agenda política era muy clara y sin duda no tuvo el poder que se le atribuye por lo que lo único que logró fue una nueva ley de colonización en abril de 1830. Las iniciativas presentadas para la reforma, las retomaría el Congreso de 1835-1836 en la redacción de las Siete Leyes.

---

[57] *Ibid.*, p. 201.

[58] Michael P. Costeloe, *La primera República federal de México (1824-1835). Un estudio de los partidos políticos del México independiente*, México, FCE, 1996, pp. 249 y 252.

Sus limitaciones llevaron a Alamán a manipular, maquiavélicamente, el artículo 4º del Plan de Jalapa[59] para cambiar a las autoridades que eran hostiles al régimen de Bustamante, en estados donde contaba con suficientes partidarios. Las cartas de Michelena parecen indicar que él fue su cómplice en Michoacán.[60] Preocupado por el lideraje federalista de Zacatecas y su gobernador, Francisco García, envió al general Joaquín Parres para investigar la situación.[61]

Lo que todos reconocieron fue que Alamán logró darle orden a la administración y en cierta forma es verdad que, como afirma en el *Examen*, "le dio lustre y esplendor a la nación, haciéndola estimar y respetar en los países extranjeros y aumentó su crédito en ellos, que arregló la hacienda en el interior".[62] El problema es que la administración interpretó que lo que la población anhelaba ante todo era paz.[63] Por tanto, es posible que don Lucas haya apoyado al ministro de Guerra, Francisco Facio, en su empeño de dar fin a los cuartelazos mediante medidas drásticas, haciendo fusilar a varios rebeldes, entre ellos al ex presidente Guerrero, lo que iba a conmover a la nación y fortalecería la oposición estatal al gabinete.

Su tarea rebasó las relaciones, aunque privilegió recuperar el crédito externo del país, afectado por la inestabilidad y la falta de cumplimiento de pago de los intereses de los bonos de los préstamos ingleses. También iba a continuar con la tarea que había interrumpido en 1825: conseguir resolver el problema de la orfandad de la Iglesia mexicana, el reconocimiento de la Independencia por Francia y por la ex metrópoli, y formar un bloque hispanoamericano para negociar con ésta y con el Vaticano y defenderlo de las amenazas externas.

---

[59] "Artículo 4º El segundo voto es que se renueven aquellos funcionarios contra quieres se ha explicado la opinión pública". Plan de Jalapa, diciembre 4, 1829. Juan Suárez y Navarro, *Historia de México y del general Antonio López de Santa Anna*. México, INEHRM, 1987, pp. 180-181.

[60] Michelena a Alamán, Morelia, enero 14, 16, 22, 25, 31, 1830. Alamán, *Documentos diversos: inéditos...*, IV, pp. 159-164.

[61] Parres a Alamán, Aguascalientes, abril 9, 1830. *Ibid.*, IV, pp. 191-192.

[62] L. Alamán, *Examen Imparcial de la Administración...*, p. 196.

[63] *Ibid.*, p. 199.

114

# Don Lucas flexibiliza la política rígida de reconocimiento para que el Vaticano nombre obispos

Alamán consideraba que las relaciones con la Santa Sede eran esenciales para los católicos mexicanos y que había dificultades para entablarlas.[64] La reacción de la Iglesia a la Revolución francesa y a los atropellos de Napoleón, la habían inclinado a una política antiliberal, problema que agravó la presión de la Santa Alianza y de España. Con el restablecimiento del absolutismo, la metrópoli le exigió al papa Pío VII para que condenara los movimientos rebeldes de sus reinos ultramarinos. Logró que en enero de 1816 el papa expidiera la encíclica *Etsi longíssimo* dirigida a los arzobispos y obispos americanos, exhortándolos a "no perdonar esfuerzo para desarraigar y destruir completamente la funesta cizaña de alborotos y sediciones". Una vez consumada la Independencia, el papa proclamó el breve *Etsi jam diu* en septiembre de 1824, en el que condenaba a los gobiernos independientes e instaba a los americanos a guardarle lealtad a Fernando VII. Pero el caso mexicano se complicó por la inflexibilidad del Congreso, al negarle al representante mexicano la libertad que Colombia le había dado al suyo, Ignacio Tejada, quien se presentó en Roma y fue expulsado por presión española, pero volvió a presentarse en Roma y para enero de 1827 había logrado que se nombraran cuatro obispos titulares para su país.

En México, poco después de ser nombrado secretario de Relaciones por el Supremo Poder Ejecutivo en abril de 1823, Alamán insistió ante el Congreso que nombrara un representante ante la Santa Sede para enviarlo en la misma nave que conduciría a Iturbide a Europa. El asunto se complicó y no llegó a ser nombrado. En

---

[64] Desde la Constitución de Apatzingán, los mexicanos favorecían la intolerancia religiosa, por lo que pensaron que no habría problemas en establecer las relaciones con el Papado. El propio Morelos y el Congreso de Apatzingán habían intentado acudir al arzobispo de Baltimore, John Carroll, para que nombrara un subdelegado apostólico. Consumada la Independencia, la comisión de Relaciones consideró que las del Vaticano estaban dictadas por las necesidades espirituales. Al consagrarse la católica como religión de Estado, parecía facilitar el lograr la bendición papal, pero la radicalización de los congresos hizo que se prohibiera al representante mexicano presentarse en el Vaticano, a menos que fuera recibido oficialmente. En 1823 el dominico peruano José María Marchena, nombrado por Iturbide como agente ante la Santa Sede, logró presentarse ante el papa León XII, pero fracasó totalmente en su misión. Luis Medina Ascencio, *México y el Vaticano*, México, Jus, 1965, I, pp. 68-71. Alamán, *Historia de México: desde...*, vol. IV, pp. 82-83.

julio de 1824, el triunvirato gobernante dirigió una carta al papa para felicitarlo por su exaltación como jefe supremo de la Iglesia y comunicarle que se había consagrado la católica como religión de Estado, además de nombrar a monseñor Francisco Pablo Vázquez enviado ante la Santa Sede.[65] Promulgada la Constitución en octubre de 1824, y efectuadas las elecciones, el presidente Guadalupe Victoria escribió una carta personal a León XII para notificarle su elección, con la solicitud de que lo encomendara a Dios en sus oraciones. Victoria desconocía la expedición del breve *Etsi jam diu*, por lo que Michelena, al llegar a Londres, le agregó una nota para el secretario de Estado con su condena al escrito.[66] León XII, que posiblemente lo había expedido bajo presión española, respondió a Victoria con una amable carta sin mencionar a la República ni su carácter de presidente, llamándolo *ínclito duce*. La carta fue recibida con júbilo, pero Vázquez recibió nuevas instrucciones de no proseguir su viaje a Roma, por lo que se estableció en Bruselas y se redujo a hacer una suave protesta contra el breve.[67] Vázquez recibió una contestación cortés del secretario de Estado, instándolo a trasladarse a Roma.[68] Vázquez se abstuvo ante las órdenes terminantes del gobierno, que Sebastián Camacho le había ratificado en Europa. El ministro se limitó entonces a entablar una intensa correspondencia con Tejada y después se acercó a su objetivo, instalándose en Florencia, adonde permaneció año y medio.

La situación religiosa en México era desesperada, pues a la salida del arzobispo y del obispo de Oaxaca habían seguido las muertes de los obispos restantes. De este modo, cuando Guerrero ascendió a la Presidencia no quedaba ni un solo obispo, por lo que su gobierno pidió a los cabildos catedralicios que remitieran los nombres de sus candidatos para las sedes episcopales vacantes, fundamentados cuidadosamente, de manera de tenerlos listos para ser presentados a la primera oportunidad. La Santa Sede se informaba por todos los

---

[65] Roberto Gómez Ciriza, *México ante la diplomacia vaticana: el periodo triangular, 1821-1836*, México, FCE, 1977, p. 225.

[66] Michelena al Eminentísimo Señor Cardenal Ministro de Estado de Su Santidad. Londres, marzo 24, 1825. *La diplomacia mexicana*, III, pp. 326-327. Joaquín Ramírez Cabañas, *Las relaciones entre México y el Vaticano*, México, Secretaría de Relaciones Exteriores, 1928, pp. 8-9.

[67] "Observaciones del ministro de México sobre la encíclica de León XII de 24 de septiembre de 1824", en *ibid.*, pp 15-20.

[68] El Cardenal Secretario al Ministro de México, Roma, mayo 10, 1826, en *ibid.*, pp. 25-27.

medios a su alcance sobre la situación mexicana, pero recibían reseñas contradictorias, lo que despertaba su pesadumbre por el daño irreparable que le había causado a la Iglesia americana su alianza con la Corona española.[69] De manera que se mostró decidida a cambiar de política. Vázquez aprovechó el ascenso de Guerrero y el envío de la carta de éste al difunto León XII para adjuntar una nota propia. El cardenal Albani acusó recibo de los documentos, le instó a presentarse en Roma y le anunció que el papa respondería directamente a Guerrero. En efecto, Pío VIII lo hizo en diciembre de 1829, expresando su disposición de remediar las necesidades espirituales del pueblo mexicano. La carta fue recibida por Vázquez después de haber renunciado, a causa de su desacuerdo con el gobierno respecto al *patronato*.

Pero Vázquez se enteró de que Guerrero había sido desbancado por el Plan de Jalapa y recibió un sobre del ministro de Justicia y Negocios Eclesiásticos, José Ignacio Espinosa, con los nombres de los candidatos a las sedes vacantes que había reunido el gobierno depuesto, junto a las credenciales e instrucciones de Lucas Alamán. Para entonces el Vaticano, consciente de que en todo el territorio mexicano no quedaba un solo obispo, había autorizado a Vázquez trasladarse a Roma, quien el 4 de junio comunicó al cardenal Albani que no efectuaría el viaje a menos que se le dieran las seguridades necesarias y los "privilegios y exenciones conforme al derecho de gentes, con excepción del carácter público por no haber sido todavía reconocido por la Corte de Roma el gobierno al que tengo el honor de representar".[70] El cardenal le aseguró que sería tratado como Tejada, pero sin el reconocimiento de su calidad de representante del gobierno de México en su correspondencia. Vázquez consideró que las garantías eran suficientes y llegó a Roma el 28 de junio de 1830, después de cinco años de espera; se alojó con Tejada y aprovechó su experiencia. Unos días después se entrevistó con Albani, quien lo presentó con las autoridades pontificias, en especial con monseñor Luigi de Frezza, secretario de la Congregación de Asuntos Extraordinarios, a quien le planteó la situación de la Iglesia mexicana y los puntos de vista del gobierno mexicano.

---

[69] Gómez Ciriza, *México ante la diplomacia...*, pp. 214-215.

[70] "Vázquez a Albani, Florencia, 4 de junio de 1830". Transcrito en *ibid.*, pp. 221-222.

A pesar de la protesta española se iniciaron las negociaciones entre Vázquez y el Papado. El 1 de agosto una comisión de cardenales discutió el problema mexicano. Frezza sostenía que aunque el gobierno español de *jure propio* posee el derecho de nombrar obispos, "prevalece el derecho de la Santa Sede porque la imposibilidad del ejercicio de dichos privilegios redunda en su propio daño. Además [...] si el *ius patronato* no se ejercita dentro del término prescrito regresa a la potestad ordinaria",[71] y por tanto opinaba que se podían nombrar obispos propietarios, posición que no compartían otros miembros de la comisión que proponían nombrar obispos *in partibus (sin sede real)*. En entrevista con Frezza, Vázquez rebatió los argumentos y defendió la estabilidad del gobierno y la garantía de protección a la religión católica, insistiendo en que "la designación de prelados *in partibus* no impediría que el gobierno siguiera interviniendo en el manejo de las rentas episcopales" y ofendería profundamente a los católicos mexicanos. Anunció que si no se ratificaba esa resolución, se vería obligado a pedir sus pasaportes y volver a Florencia, a esperar nuevas instrucciones.

Para ese momento había recibido sus nuevas credenciales oficiales como *Enviado Extraordinario y Ministro Plenipotenciario cerca de Su Santidad*, con facultades para "celebrar, concluir y firmar en nombre de la República que representa, los concordatos y convenios que exijan el interés de ella y de la Santa Sede", acompañadas de una carta de Bustamante al papa y los sobres lacrados con los documentos de los candidatos oficiales para las sedes episcopales. El mismo Vázquez era propuesto para el Obispado de Puebla.[72]

Pero la Santa Sede mantuvo su actitud y Vázquez, convertido en fino diplomático, también sostuvo su posición y rebatió todos los argumentos de Frezza. Aunque Pío VIII recibió a Vázquez el 22 de septiembre, no hubo cambio de política y la dilación continuó. Esto hizo que Vázquez redactara una *Memoria* (11 de octubre) que rebatía los argumentos e insistía en que el gobierno de México era inflexible

---

71 *Ibid.*, p. 231.

72 Cartas credenciales a favor del canónigo Vázquez, expedidas por el general Bustamante. México, marzo 5, 1830; Anastasio Bustamante, vicepresidente de los E.U.M. a S.S. El Supremo Pontífice Pío VIII. México, marzo 4, 1830; Alamán a Su Eminencia el secretario de Estado y del Despacho de Su Santidad el Sumo Pontífice Pío VIII. México, marzo 4, 1830; Proposición de Eclesiásticos para cubrir las Sedes-Vacantes de la República. México, marzo 4, 1830. Ramírez Cabañas, *Las relaciones entre México y...*, pp. 62-66.

sobre sólo admitir obispos propietarios, únicos que podrían "reparar las pérdidas sufridas por la larga orfandad de las iglesias", y terminaba concluyendo que "la justicia, el bien de la religión y el honor de la Santa Sede exigen imperiosamente una solícita respuesta favorable a las premuras de México".[73] Pero Albani también había redactado la contestación a Bustamante y los Breves para Alamán sobre las promociones a obispos *in partibus* y vicariatos apostólicos. Vázquez, considerando todo perdido, decidió devolverlos y retirarse.[74] La Santa Sede consideró necesario enterar al ministro español sobre la negativa de Vázquez y advertirle que esto orillaba al papa a designar obispos propietarios. Frezza y Albani intentaron convencer a Vázquez aceptar por lo menos algunos de los nombramientos *in partibus*, para permitir la ordenación de sacerdotes. Vázquez se negó y sólo aceptó posponer su salida de Roma un mes.[75]

Cuando Vázquez se disponía a partir, murió Pío VIII e intuyó que valía la pena esperar. El papa electo el 2 de febrero de 1831, Gregorio XVI, estaba decidido a resolver el problema de la Iglesia mexicana y de inmediato pidió la documentación, decidiendo el nombramiento de propietarios para seis de los obispados vacantes, al tiempo que informaba al representante español que "el Santo Padre no únicamente procederá por su propia autoridad, sino que además al hacerlo tiene la intención de dejar intactos los derechos relativos de la R. Corona de España, aunque su ejercicio esté de hecho suspendido".[76] El 28 de febrero de 1831, a sólo tres semanas de su coronación, Gregorio XVI nombraba seis obispos mexicanos, todos entre los candidatos presentados por el gobierno de la República.[77] El propio Vázquez, elegido para el Obispado de Puebla, fue consagrado el 6 de marzo de 1831. El reconocimiento de la Santa Sede no se conseguiría sino al tiempo que lo concedía la metrópoli, pero lo extraordinario es que aunque no se logró firmar un Concordato, arzobispos y obispos fueron propuestos por el gobierno mexicano hasta la Reforma. Es

---

<sup>73</sup> Gómez Ciriza, *México ante la diplomacia...*, pp. 249-250.

<sup>74</sup> Se opone el ministro de México a la designación de Obispo en Partibus. Roma, octubre 11, 1830. Ramírez Cabañas, *Las relaciones entre México y...*, pp. 72-81.

<sup>75</sup> Insiste el ministro de México sobre las razones existentes para no admitir sino obispos titulares. Roma, noviembre 8, 1830. *Ibid.*, pp. 104-113.

<sup>76</sup> Secretario de Estado al Representante español, 25 de febrero, 1831. Citado en Gómez Ciriza, *México ante la diplomacia...*, p. 277.

<sup>77</sup> Vázquez a Alamán, Roma, febrero 28, 1831. Ramírez Cabañas, *Las relaciones entre México y...*, pp. 135-136.

indudable que las negociaciones tienen el sello de Alamán, aunque gran parte de las comunicaciones las firmara el ministro de Justicia y Asuntos Eclesiásticos.

## Alamán persigue su sueño de un "Pacto de Familia"

También estuvo presente en las preocupaciones de Alamán el distanciamiento con las nuevas repúblicas del continente. En su *Memoria* de 1830 expresaba la necesidad de "obrar bajo un plan uniforme para adelantar simultáneamente nuestros comunes intereses". Frustrado por la inestabilidad de todas las repúblicas y las dificultades de comunicación[78] decidió convocar una Asamblea Hispanoamericana, que constituiría su proyecto más preciado. Desde 1823, al defender la asistencia del país a Panamá, consideraba que era "la base del *pacto verdaderamente de familia*, que hará una sola de todos los americanos unidos para defender su independencia y libertad y fomentar su comercio y mutuos intereses". El fracaso de la reunión de Panamá hizo que, apenas ocupado el ministerio, el 7 de enero de 1830 pensara en reanudar su proyecto de solidaridad continental, convencido de la importancia de firmar Tratados de Amistad y Comercio con las naciones hermanas, ya que sólo se había hecho con la Gran Colombia. El 26 de enero de 1831 facultó a don Miguel Ramos Arizpe para negociar un tratado con Chile, el cual pudo firmarse el 7 de marzo de 1831 y que preveía la "formación de una Asamblea General Americana" con el "fin de arreglar puntos sumamente importantes y de un común interés de la América antes española".[79] El artículo 15 comprometía a mantener la unidad ante las negociaciones con España y establecía la igualdad comercial. El canje de ratificaciones se hizo el 30 de agosto de 1832.

El 13 de marzo de 1831, Alamán convocaba la Asamblea hispanoamericana mediante una circular a Perú, Bolivia, Chile, Colombia y Centroamérica para que nombraran representantes:

---

[78] *Memoria de la Secretaría de Estado y del Despacho de Relaciones Interiores y Exteriores. Leída por el secretario del ramo en la Cámara de Diputados el día 12 de febrero de 1830 y en la de Senadores el día 13 del mismo*, México, Imprenta del Águila, 1830, p. 4.

[79] Tratado celebrado entre los Estados Unidos Mexicanos y la República de Chile, marzo 7, 1831. Francisco Cuevas Cancino, *El Pacto de Familia*, México, Secretaría de Relaciones Exteriores, 1964, p. 115.

Por diversos que puedan parecer a primera vista los intereses particulares de cada uno de estos Estados, ellos se hallan ligados entre sí por un interés general, por un interés primario que es nada menos que el de su existencia como naciones: todas se hallan amagadas de los mismos peligros, todas tienen que apelar a los mismos medios de conservación. En éstos se comprenden no sólo las medidas necesarias para defenderse de un enemigo común, sino el género de relaciones que deban establecerse con las demás potencias extranjeras que... deben ser de una naturaleza muy diferente que las que existan entre este grupo de Repúblicas hermanas que nunca podrían considerarse como extranjeras entre sí, sin romper todos los lazos de la naturaleza, de la costumbre, de la identidad de origen, religión y hábitos sociales.

Alamán ofrecía Tacubaya como sede, aunque con delicadeza advertía que si los países preferían otro lugar, México no tendría objeción en enviar sus representantes.[80] Guatemala contestó el 18 de abril que estaba de acuerdo en la necesidad de la Asamblea, y que procedía a pasar la invitación a la representación nacional. La distancia hizo que Chile contestara hasta el 23 de septiembre y Bolivia el 21 de octubre; ésta expresaba júbilo por sentimientos "tan nobles y tan análogos". Colombia lo hizo hasta el 7 de diciembre de 1832 y mencionó que abrigaba ideales semejantes, pero como estaba dividido en tres estados tenía que esperar a que "la asamblea de diputados de todos ellos determine el vínculo que debe unirlos entre sí y el modo de sostener sus relaciones".[81]

Alamán desconfió de la simple correspondencia y decidió nombrar dos misiones diplomáticas para organizar la Asamblea. A don Manuel Díez de Bonilla se le encomendó la misión en Centroamérica y Colombia; la destinada a otras repúblicas de Sudamérica y el Imperio del Brasil, a Juan de Dios Cañedo. Alamán preparó instrucciones para lograr la integración "de familia", como instrumento para enfrentar problemas comunes. Proponía siete temas a tratar: bases para negociar la paz con España; los concordatos con la Santa Sede; las condiciones comerciales con las demás naciones; el comercio entre las repúblicas hermanas; las medidas de defensa y, por último, la manera de evitar conflictos ter-

---

<sup></sup>[80] Circular de la Cancillería. México, marzo 13, 1831a *ibid.*, pp. 123-125.

[81] Nota de la Cancillería Neo-Granadina al gobierno de México, Bogotá, diciembre 7, 1832, *ibid.*, pp. 127-128.

ritoriales entre las mismas.[82] Su orgullo criollo era visible en las instrucciones reservadas:

> …alejar con arte toda aprensión de que México pretenda ejercer influjo [...] éste que es inevitable, que está en la naturaleza de las cosas, se fortificará y dilatará, así y *México vendrá a ser para la política exterior, la Metrópoli de toda la América* [...] Es de absoluta necesidad que México adquiera este influjo diplomático en los negocios de América, *pues que aspirando a él los Estados Unidos del Norte, todo lo que ellos avanzaren sería en nuestro perjuicio* [...] Por tanto, se recomienda muy expresamente el combatir diestra, pero constantemente, ese influjo Norte Americano.

A don Lucas le importaba mucho que se evitara toda guerra que debilitara a las naciones y prevenir que se siguieran fragmentando, pues ello alentaba "a los enemigos".[83] En las instrucciones particulares para Díez de Bonilla destacaba el problema de la frontera sur. Debía detenerse en Chiapas para adquirir una visión completa e identificar "límites naturales, fácilmente discernibles y que no interrumpan comunicaciones de hábito y costumbre entre dos poblaciones vecinas". También debía combatir la presunción de que México fomentaba las rencillas internas por el hecho de que los mandatarios caídos del poder marcharan rumbo a la frontera, y destacar el deseo mexicano de mantener buenas relaciones con Guatemala "para cubrir de este modo el flanco que presenta la República por aquel rumbo", y desear el bienestar centroamericano. Por último, era importante contrarrestar con prudencia la influencia que aún ejerciera Colombia y evitar viajar si no había circunstancias favorables, ya que ese país no había ratificado el tratado de comercio y tenía una deuda pendiente con México.[84]

No era posible obtener resultados inmediatos. Díez de Bonilla logró la firma de protocolos en los que Guatemala aceptaba la sede de

---

[82] Instrucciones de la Cancillería a los plenipotenciarios Cañedo y Díez de Bonilla, junio 3, 1831, *ibid.*, pp. 129-137.

[83] Instrucciones reservadas que de orden del vicepresidente se dan por el ministro de Relaciones Exteriores e Interiores a los ministros plenipotenciarios cerca de las Repúblicas que antes fueron colonias españolas, junio 3, 1831. AHSRE, L-E-873, folios 12-24.

[84] Instrucciones particulares que se dan al Sr. Manuel Díez de Bonilla para el desempeño de la misión diplomática que el vicepresidente le ha confiado cerca de las Repúblicas de Centro América y Colombia, junio 3, 1831. AHSRE, L-E-873, folios 23-25.

Tacubaya, pero sólo se redactó el proyecto de Tratado de Comercio, pues no se pudo negociar la frontera. A esta importante diferencia se sumaron los constantes ataques del populacho a la Legación, que llevarían a su relevo en enero de 1833, mucho después de la salida de Alamán del puesto.

Las instrucciones a Cañedo fueron más amplias por la extensión del área, y denotaban que Alamán confiaba aún en el destino grandioso del país. Como diplomático nato, empezaba por situar la misión en el marco internacional y la amargura de la fragmentación que anunciaban los eventos en los territorios meridionales. Anticipaba que el centro de operaciones sería Lima, no sólo por ser el único país con el cual existían relaciones en términos inmejorables desde 1822, sino por ser el otro gran virreinato. Le pidió agradecer la oferta peruana durante el intento de reconquista española, de "enviar, si se creyese necesario, una fuerte división de tropas". Cañedo debía observar la política, obtener estadísticas, noticias sobre compañías mineras inglesas y los progresos logrados con las máquinas de vapor. Se le pedía conseguir una colección completa de fósiles del Perú y "otra de plantas secas, semillas y maderas, animales y todo lo que juzgare útil", así como adquirir rebaños de vicuñas y llamas o alpacas (por lo menos 30 cabezas de cada especie, junto a 3 o 4 pastores inteligentes en el cuidado de estos animales) e incluir algunas crías de cóndor y otros animales curiosos, no conocidos en la República. Tratar de "instruirse muy particularmente del estado en que se halle la cuestión sobre el Guayaquil, entre Colombia y Perú, y la que existía entre Bolivia y el Perú acerca de límites", e interponer su influjo para que no se llegue al uso de las armas, ofreciendo el arbitraje mexicano. En realidad, Alamán abrigaba una verdadera obsesión sobre este mal congénito de la América española e insistía en la importancia de resaltar lo inconveniente que resultaba "a los intereses continentales de la América y a su consideración política de la [...] *existencia de pequeñas naciones que no pudiendo defenderse por sí ni representarse de manera digna del gran todo, comprometen la influencia y crédito de las otras*". En cuanto a Chile, le encomendó que enganchara marinos chilenos para la marina mercante y de guerra mexicana. Convencido de que la Argentina estaba en camino a la fragmentación, le recomendó reiterar su idea sobre el mal efecto de ello, además de observar la prosperidad que habían logrado. En cuanto a Paraguay y Bolivia, le pidió atender las instrucciones generales, y en el último caso aprovechar para conseguir abasto de azogue a buen precio para la minería mexicana.

Alamán era consciente de lo difícil de encontrar una ruta para el traslado de Cañedo, pensando que la ruta más conveniente hacia la América Meridional era a través del Brasil, la cual permitiría aprovecharse para reiterar al Imperio los sentimientos amistosos mexicanos y averiguar su disposición de "entrar en el sistema general americano", pues, dado el influjo que tendría esa parte del mundo, era

> …menester trabajar para subordinar este influjo al de México, o por lo menos hacer que procedan de acuerdo estos dos grandes Estados, los mayores de los que se han formado en la América. Además, las relaciones de parentesco que el Emperador del Brasil tiene con el de Austria y el Rey de España acaso podrían servir mucho para lograr el reconocimiento de la independencia por ambas o por lo menos por el primero y este reconocimiento decidirá, de un golpe, las relaciones con Roma y con todos los Estados de la Alemania y aun con la Rusia…

Con el deseo de aprovechar que Cañedo cruzaría Estados Unidos, le encargó también enterarse sobre la situación de Texas. Además le pidió aquilatar la "alta importancia" de su misión, que era ni más ni menos que "fundar el derecho internacional americano".[85]

Por razones desconocidas, Cañedo se detuvo varios meses en Nueva York y en lugar de partir a Brasil se dirigió a Lima, vía Jamaica y Panamá. Así, el 21 de mayo de 1832 presentaba sus credenciales, en medio de una recepción amistosa, aunque el Congreso peruano rechazó la iniciativa general de Alamán, pues "el Perú, por ahora no tenía otros intereses más que con las Repúblicas confinantes con su territorio". Por otro lado, Cañedo no tardó en darse cuenta de que los países aliados, Colombia, Perú, Ecuador y Bolivia, favorecían a Lima como sede.[86]

Perú no había sido receptivo con su proposición de firmar un Tratado de Comercio con México, pero recibida la noticia de que lo había firmado con Chile, insistió en el asunto y logró que en noviembre de 1832 el gobierno nombrara un plenipotenciario, de manera que se pudieron iniciar las negociaciones. El tratado era similar al firmado

---

[85] Instrucciones de Alamán a Cañedo, junio 3, 1931, *ibid.*, pp. 165-175.
[86] *Ibid.*, pp. 190-195.

124

con Chile[87] y fue aprobado sin problema por el Congreso peruano. Conducido por Juan Pablo Fernandini, quien partió con el secretario de la Legación mexicana, Juan Nepomuceno Almonte fue ratificado por el Congreso mexicano y también efectuado el canje, aunque en realidad quedó en letra muerta.

Alamán estaba fuera de la Cancillería cuando llegó la nota del gobierno peruano sobre la celebración de la Asamblea el 18 de septiembre. En un cambio de opinión, asentía y elogiaba la iniciativa mexicana, aunque sugería que tal vez Guayaquil fuera una sede más adecuada. Cañedo ya se había convencido de que Lima era la favorita y consideró que lo importante era llevar a cabo la reunión.

En su permanencia de seis años sólo hizo un viaje a Chile, único país que había seguido el ejemplo mexicano de reservar un lugar preferencial para las repúblicas hermanas en su comercio, lo que despertó grandes esperanzas en Cañedo. También cobró conciencia de la falta de comunicaciones entre las naciones hermanas y desarrolló el sueño de establecer un sistema de paquetes que comunicara a los países y facilitara la correspondencia pública y privada. Su idea, decía, era muy sencilla:

> se reduce a que cada día 1°, zarpe de Acapulco un buque mexicano con la correspondencia de la República y que hiciera escala en Sonsonate para recoger la correspondencia de Guatemala; en Guayaquil para recoger la de Colombia; en Callao para entregar la del Perú; en Cobijas para recoger las cartas de Bolivia, terminando [en Valparaíso, en donde se estacionaría 8 días para regresar a Acapulco] recogiendo en los indicados puertos las cartas particulares y pliegos oficiales.[88]

Cañedo regresó a México en 1840 y tuvo la oportunidad temporal de ser nombrado secretario de Relaciones, lo que le permitió continuar el empeño de llevar a cabo el "Pacto de Familia", una muestra de que el sueño de Alamán continuaba vivo. La Asamblea logró llevarse a cabo en Lima en 1847, lo que impidió que asistiera México, autor de la iniciativa, pues estaba invadido por Estados Unidos.

---

[87] Tratado México-Perú, 16 de noviembre, 1832. Cuevas Cancino, *El Pacto de Familia*, pp. 190-195.

[88] Oficio de Cañedo a su Cancillería, Santiago de Chile, noviembre 10, 1833, *ibid.*, pp. 206-207.

## Historiador y estadista

No hay duda de que es más fácil juzgar a Alamán como historiador que como estadista, limitado como estuvo por las circunstancias. El estudio de ese periodo de transición y reacomodo, nos muestra un mundo cambiante y un contexto tan poco favorable que convirtió a México en el país más amenazado del continente. En ese ambiente adverso, los servicios que Alamán prestó como secretario de Relaciones resultan muy importantes. Seguramente el más importante haya sido evitar la fragmentación del territorio en 1823 que permitió la unión consolidada en la Constitución de 1824. Al mismo tiempo creó los lineamientos de las relaciones con el exterior y sembró la semilla de la importancia de generar una solidaridad iberoamericana como instrumento defensivo que no muchos comprendieron en su tiempo, pero que ha reaparecido varias veces en la política exterior mexicana, aunque sin el espíritu que pretendía don Lucas.

Desde luego, su obra rebasó los límites de sus funciones como secretario de Relaciones Exteriores e Interiores, pues promovió proyectos de desarrollo, de reorganización de la administración pública y la contaduría, planes para combatir la corrupción y la dilapidación de fondos (como la que se hacía con el Fondo Piadoso de las Californias), para promover la industria, la minería y modernizar la agricultura. Diseñó también un programa educativo integral que inspiraría a José María Luis Mora en su proyecto de 1833, impulsó la provisión de vacunas para evitar las mortíferas epidemias, organizó el Archivo General de la Nación, otorgó recursos para un teatro para la capital y para reanimar la Academia de San Carlos y hasta fundó una Academia de Historia. No todo se logró, pero dejó muchas semillas que después germinaron. No deja de sorprender a los estudiosos las múltiples muestras de una mente fértil en proyectos y empeñada en el servicio de su país. Para constatarlo hay que leerlo, los libros de historia son modelo, pero los documentos y la correspondencia pueden ser una inspiración y el descubrimiento de que muchas de sus ideas todavía serían útiles hoy en día.

# Andrés Lira

Abogado por la Universidad Nacional Autónoma de México (UNAM). Maestro en Historia por El Colegio de México y doctor en Historia por la Universidad Estatal de Nueva York.

Profesor investigador en el Centro de Estudios Históricos del Colegio de México. Su investigación se concentra en la "Historia de las instituciones. Siglos XVIII-XIX". Ha sido profesor en la Escuela Nacional de Antropología, la Universidad Iberoamericana, la UNAM, el Colegio de Michoacán, en el Instituto de Investigaciones José María Luis Mora.

Ha sido coordinador del Programa de Doctorado en Ciencias Sociales de El Colegio de Michoacán, presidente del Comité Mexicano de Ciencias Históricas, director del Centro de Estudios Históricos de El Colegio de México. Desde 1995 hasta 2005 fue presidente de El Colegio de México.

Ha publicado:

*Silvio Zavala: primeras jornadas*, 1931-1937, México, El Colegio de México, 2009.

*Lucas Alamán*, México, Cal y Arena, 1997.

*Espejo de discordias: la sociedad mexicana vista por Lorenzo de Zavala, José maría Luis Mora y Lucas Alamán*, México, SEP, 1985.

*Comunidades indígenas frente a la Ciudad de México. Tenochtitlán y Tlatelolco, sus pueblos y barrios, 1812-1919*, México, El Colegio de México, 1983.

*El amparo colonial y el juicio de amparo mexicano. (Antecedentes novohispanos del juicio de amparo)*, México, FCE, 1972.

# CATHERINE ANDREWS

Doctora en Historia de México por la Universidad de Saint Andrews, Escocia. Su principal línea de investigación es la construcción del Estado en México durante el siglo XIX. En esta área ha formado parte de diversos proyectos de investigación entre los que se puede mencionar: El pensamiento constitucional mexicano en la primera mitad del siglo XIX; Partidos, facciones y otras calamidades. América Latina, siglo XIX; entre otros.

Actualmente forma parte del Instituto de Investigaciones Históricas de la Universidad Autónoma de Tamaulipas donde coordina el Programa de Rescate de Archivos.

Ha publicado:

*Entre la espada y la Constitución: El general Anastasio Bustamante, 1780-1853*, México, Universidad Autónoma de Tamaulipas, 2008.

"Sobre conservadurismo e ideas conservadoras en la primera República federal (1824-1835)", en Erika Pani, *Conservadurismos y derechas en la historia de México*, FCE, 2007.

"In the Pursuit of Balance. Lucas Alamán's Proposals for Constitutional Reform (1830-1835)", en *Historia Constitucional-Revista Electrónica*, núm. 8, 2007.

"Discusiones en torno a la reforma de la Constitución federal de 1824 durante el primer gobierno de Anastasio Bustamante (1830-1832)", en *Historia Mexicana*, vol. 56, núm. 1, México, 2006.

"'Constitución y leyes'. El lenguaje liberal y el Plan de Jalapa", en Cristina Gómez y Miguel Soto (coords.), *Transición y cultura políti-*

*ca. De la Colonia al México independiente*, México, Facultad de Filosofía y Letras, UNAM, 2005.

"Indecisión y pragmatismo en la segunda presidencia de Anastasio Bustamante (1837-1841): El ministerio de los tres días (diciembre de 1838)", en Will Fowler (coord.), *Presidentes mexicanos*, México, Instituto Nacional de Estudios Históricos de la Revolución Mexicana, 2004.

# JOSEFINA ZORAIDA VÁZQUEZ

Maestra en Historia Universal por la Universidad Nacional Autónoma de México (UNAM). Doctora en Historia de América por la Universidad Central de Madrid, y en Historia por la UNAM.

Investigadora del Centro de Estudios Históricos de El Colegio de México. Su investigación se concentra en la "Historia social y política de México, siglo XIX"; "Historia diplomática de México, siglos XVIII y XIX" e "Historia de Estados Unidos". Ha sido profesora en la UNAM, la Universidad Iberoamericana, la Universidad de Texas en Austin, la Universidad de California, la Universidad de Puerto Rico, la Universidad de Frankfurt y la Universidad de Florencia.

Fue directora de la carrera de Historia en la Universidad Iberoamericana y directora del Centro de Estudios Históricos de El Colegio de México.

Ha publicado:

*Juárez: historia y mito*, México, El Colegio de México, 2011.

*México, Gran Bretaña y otros países*, México, El Colegio de México, 2010.

*La Independencia. Nueva historia mínima de México*, México, Océano-Turner, 2010.

*Décadas de inestabilidad y amenaza. México 1821-2848*, México, El Colegio de México, 2010.

*Dos décadas de desilusiones. En búsqueda de una fórmula adecuada de gobierno (1932-1854)*, México, El Colegio de México, 2009.

*Interpretaciones del periodo de Reforma y Segundo Imperio: Interpretaciones de la historia de México*, México, Patria, 2007.

*Ensayos sobre historia de la educación en México*, México, El Colegio de 2006.

*El establecimiento del federalismo en México 1821-1827*, México, El Colegio de México, 2003.

*Tratados de México: soberanía y territorio, 1821-1910*, México, Secretaría de Relaciones Exteriores, 2000.

*México al tiempo de su guerra con Estados Unidos, 1846-1848*, México, Secretaría de Relaciones Exteriores-El Colegio de México-FCE, 1997.

*México y el mundo. Historia de sus relaciones exteriores*, México, Senado de la República, 2000, tomos I y II.

# Lectura contemporánea de los clásicos

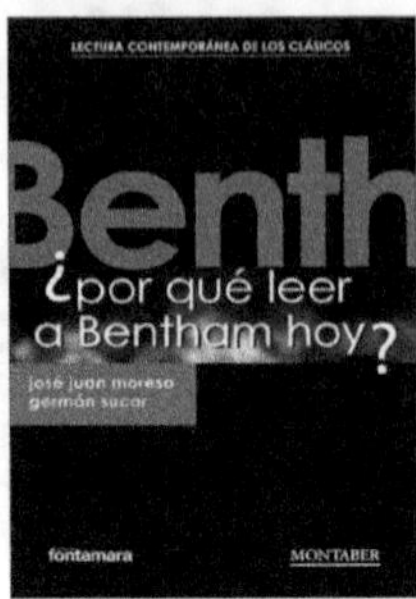

### ¿Por qué leer a Bentham hoy?

*José Juan Moreso, Germán Sucar*

### ¿Por qué leer a Ferguson hoy?

*Isabel Wences, José Hernández Prado, Julio Beltrán*

### ¿Por qué leer a Mill hoy?

*Mark Platts, Miguel Carbonell, Juan Carlos Geneyro*

### ¿Por qué leer a Rabasa hoy?

*Jesús Silva-Herzog Márquez, José Antonio Aguilar, Pablo Mijangos*

### ¿Por qué leer a Rousseau hoy?

*Antonella Attili, Luis Salazar Carrión, Julieta Marcone*

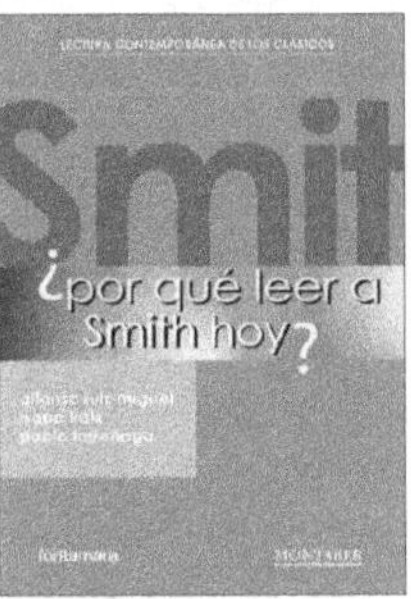

### ¿Por qué leer a Smith hoy?

*Alfonso Ruiz Miguel, Isaac Katz, Pablo Larrañaga*

### ¿Por qué leer a Tocqueville hoy?

*Roberto Breña, Claudio López-Guerra, Jesús Silva-Herzog Márquez*

### ¿Por qué leer a Weber hoy?

*Nora Rabotnikof, Ulises Schmill, Gina Zabludovsky*

### ¿Por qué leer El Federalista hoy?

*Juan F. González Bertomeu, Gabriel L. Negretto, Andrea Pozas-Loyo*

# Otros títulos publicados

**Amor platónico**
*Hans Kelsen*

**Análisis de un examen estandarizado**
*José Manuel Casillas Domínguez*

**Derechos humanos. Un camino hacia la pacificación**
*Julio Cabrera Dircio*

**Experiencias adversas de la seguridad del paciente**
*Rosa Ortiz Rivera*

**Nuestros niños sicarios**
*Elena Azaola Garrido*

**En guerra por la vida. Crisis climática y transformación social**
*Josep Cabayol*

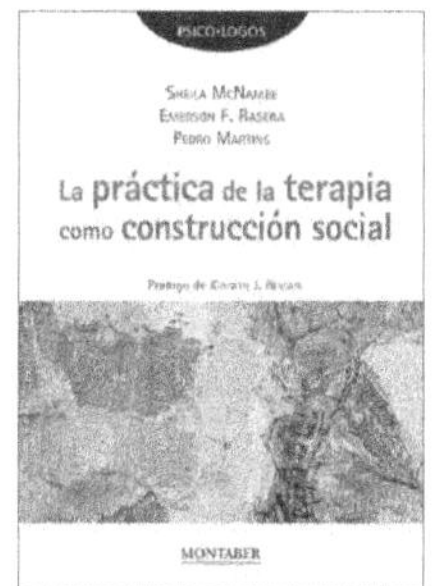

**La práctica de la terapia como construcción social**
*Sheila McNamee, Emerson F. Rasera, Pedro Martins*

**El imperativo relacional Recursos para un mundo al límite**
*Kenneth J. Gergen*

**Ideología y opiniones Estudios de psicología retórica**
*Michael Billig*

**MONTABER**   Tel. +34-931 429 486 – montaber@montaber.es – www.montaber.es